Volume 4

BIBLIOTECA DO GESTOR

Planeamento, Estratégia e Tomada de Decisão

TÍTULO ORIGINAL
Planeamento, Estratégia e Tomada de Decisão – Volume IV

© Manuel Alberto Ramos Mação e Conjuntura Actual Editora, 2017

Todos os direitos reservados

AUTOR
Manuel Alberto Ramos Mação

CONJUNTURA ACTUAL EDITORA
Sede: Rua Fernandes Tomás, 76-80, 3000-167 Coimbra
Delegação: Avenida Engenheiro Arantes e Oliveira, n.º 11 – 3.º C
1900-221 Lisboa – Portugal
www.actualeditora.pt

DESIGN DE CAPA
FBA.

PAGINAÇÃO
Edições Almedina

IMPRESSÃO E ACABAMENTO

, 2017

DEPÓSITO LEGAL

Toda a reprodução desta obra, por fotocópia ou outro qualquer processo, sem prévia autorização escrita do Editor, é ilícita e passível de procedimento judicial contra o infrator.

BIBLIOTECA NACIONAL DE PORTUGAL – CATALOGAÇÃO NA PUBLICAÇÃO

MAÇÃES, Manuel, 1946-

Planeamento, estratégia e tomada de
decisão. – (Biblioteca do gestor ; 4)
ISBN 978-989-694-224-3

CDU   005

Volume 4

BIBLIOTECA DO GESTOR

Planeamento, Estratégia e Tomada de Decisão

ACTUAL

Índice

Lista de Figuras 7

Prefácio 9

Capítulo 1 – Planeamento e Gestão Estratégica 13

Estratégia e Planeamento 16
Evolução e Dsenvolvimento do Pensamento Estratégico . . . 19
Níveis e Tipos de Planeamento 22
Gestão Estratégica 24
O Processo de Gestão Estratégica 25
Missão e Visão 28
Objetivos 30
Diagnóstico da Situação Atual. 31
Análise SWOT 31
Análise Estrutural da Indústria. 33
Formulação da Estratégia 37
Níveis da Estratégia. 37
Estratégias ao Nível da Empresa 39
Concentração numa Única Indústria 41
Integração Vertical 42

PLANEAMENTO, ESTRATÉGIA E TOMADA DE DECISÃO

Diversificação 42

Expansão Internacional 44

Estratégia Produto-Mercado de Ansoff. 44

Análise do Portfólio ou da Carteira de Negócios 46

Estratégias ao Nível do Negócio 59

Estratégias Genéricas de Porter 60

Estratégia ao Nível Funcional 64

Resumo do Capítulo 69

Questões. 70

Referências 72

Capítulo 2 – Tomada de Decisão 73

Natureza da Tomada de Decisão. 76

Tipos de Decisões 77

O Processo de Tomada de Decisão 79

Teorias da Tomada de Decisão. 84

Modelo Racional de Tomada de Decisão 84

Modelo da Racionalidade Limitada 86

O Papel da Intuição na Tomada de Decisão 87

Tomada de Decisão em Grupo 88

Eficácia das Decisões 92

Resumo do Capítulo 95

Questões. 96

Referências 98

Lista de Figuras

Figura 1.1 O que é Estratégia? 17

Figura 1.2 Tipos de Estratégias de Mintzberg 18

Figura 1.3 Etapas do Processo de Planeamento Estratégico. . . . 18

Figura 1.4 Principais Etapas do Processo Estratégico. 20

Figura 1.5 Níveis de Planeamento 22

Figura 1.6 Tipos de Planeamento 24

Figura 1.7 O Processo de Gestão Estratégica 25

Figura 1.8 Pilares da Gestão Estratégica 27

Figura 1.9 Porque Falham as Estratégias? 28

Figura 1.10 Análise SWOT. 32

Figura 1.11 Modelo das Cinco Forças Competitivas de Porter . . 34

Figura 1.12 Formulação da Estratégia 37

Figura 1.13 Níveis de Estratégia 39

Figura 1.14 Matriz Produto-Mercado de Ansoff 45

Figura 1.15 Matriz BCG 48

Figura 1.16 Modelo BCG na Prática 52

Figura 1.17 Matriz GE/McKinsey 53

Figura 1.18 Fatores de Atratividade do Mercado 55

Figura 1.19 Fatores de Posição Competitiva 57

Figura 1.20 Matriz ADL 58

Figura 1.21 Estratégias Genéricas de Porter 61

Figura 1.22 Estratégia Stuck in the Middle 62

Figura 1.23 Áreas Funcionais 64

Figura 2.1 Modelo Racional de Tomada de Decisão 80

Figura 2.2 Tomada de Decisão e Funções do Gestor 83

Figura 2.3 Modelo da Racionalidade Limitada 87

Prefácio

A gestão é uma área do conhecimento das ciências sociais muito recente, na medida em que só a partir dos anos 80 ganhou a maioridade e o estatuto de autonomia relativamente à economia. Para compreendermos este fenómeno basta atentarmos no facto de que, até essa altura, apenas havia cursos de economia, contabilidade e finanças nas nossas universidades e institutos politécnicos, que continham nos seus planos de curso algumas disciplinas de áreas afins à gestão, mas não havia cursos específicos de gestão.

Nos finais do século XX e início do século XXI assistiu-se a um crescimento exponencial da gestão, seja pelo aumento das necessidades das empresas, motivado pela complexidade dos problemas que começaram a ter que enfrentar, em virtude designadamente do fenómeno da globalização e do aumento da concorrência internacional, seja pela forte atração dos candidatos pelos inúmeros programas de licenciatura e pós-graduação em gestão que proliferam pelas universidades e institutos politécnicos. Os números falam por si e os cursos de gestão são dos que motivam maior interesse dos jovens candidatos ao ensino superior e que continuam a oferecer maiores oportunidades de empregabilidade.

Presume-se, por vezes, que os bons gestores têm qualidades inatas e que apenas precisam de pôr em prática essas qualidades para serem bons gestores, relegando-se para segundo plano o estudo das teorias e técnicas de gestão. Nada de mais errado e perigoso. A gestão estuda-se e os bons gestores fazem-se aplicando na prática a teoria. Os princípios de gestão são universais, o que significa que se aplicam a todas as organizações, sejam grandes ou pequenas, públicas ou privadas, com fins lucrativos ou sem fins lucrativos. A boa gestão é necessária em todas as organizações e em todas as áreas de negócio ou níveis organizacionais.

Esta postura de se pensar que, para se ser bom gestor, basta ter bom senso e caraterísticas inatas de liderança é errada, tem um preço elevado e é responsável pelo fracasso e falência de inúmeras empresas e organizações. Ao contrário da opinião generalizada, que advoga a inutilidade dos conhecimentos teóricos, há estudos que comprovam a relação benéfica da teoria com a prática e que há inúmeros casos, em Portugal e no estrangeiro, de empresas bem geridas por executivos com forte formação teórica e académica.

Esta **miopia de gestão**, mesmo entre os gestores, justifica, por si só, a apresentação desta biblioteca do gestor.

O objetivo desta coleção é facultar a estudantes, empregados, patrões, gestores de todos os níveis e investidores, de uma forma acessível, as principais ideias e desenvolvimentos da teoria e prática da gestão. As mudanças rápidas que se verificam no ambiente dos negócios, a nível interno e internacional, pressionam as organizações e os gestores no sentido de procurarem novas formas de resposta aos novos desafios, com vista a melhorar o desempenho das suas organizações.

Este livro, bem como os restantes da coleção, visa também estimular o gosto dos estudantes e gestores pelos assuntos da gestão, ao apresentar no final de cada capítulo questões específicas para discussão de cada tópico.

Ao elaborar esta coleção, tivemos a preocupação de ir ao encontro das necessidades que hoje se colocam aos gestores e de tornar o texto relevante e facilmente percetível por estudantes e gestores menos versados em temas de gestão. Além de sistematizar os desenvolvimentos da teoria da gestão, desde a sua origem até aos nossos dias e de estudar as funções do gestor, nesta coleção são apresentados e discutidos os principais métodos, técnicas e instrumentos de gestão nas áreas da produção, do marketing, da gestão financeira e da gestão dos recursos humanos, para além da preocupação de fazer a ligação da teoria com a prática. Daí a razão da escolha do título para a coleção...

Capítulo 1
Planeamento
e Gestão Estratégica

Capítulo 1
Planeamento
e Gestão Estratégica

Das quatro funções de gestão – **planeamento, organização, direção e controlo** – o planeamento é sem dúvida a mais importante. A sua importância deriva fundamentalmente do facto de todas as outras funções de gestão se ancorarem no planeamento. Sem uma orientação estratégica e sem a definição clara dos objetivos da organização, dificilmente os gestores poderão fazer uma alocação correta dos recursos, dirigir as pessoas e controlar os resultados.

Gestão estratégica é um conjunto de decisões e ações que determinam o desempenho a longo prazo de uma organização. O estudo da gestão estratégica enfatiza a avaliação e monitorização da envolvente externa e interna com o objetivo de aproveitar as oportunidades, defender-se das ameaças do mercado e potenciar os recursos e capacidades da organização. Para além da análise do meio envolvente, o processo de gestão estratégica envolve ainda a definição da missão da organização, a formulação e implementação da estratégia e a avaliação e controlo dos resultados.

Depois de ler e refletir sobre este capítulo, o leitor deve ser capaz de:

- Perceber a importância do planeamento e da estratégia para a gestão.
- Descrever o processo de gestão estratégica.
- Definir objetivos e planos e explicar as relações entre eles.
- Distinguir os diferentes tipos de planos.
- Explicar os conceitos de missão e visão e como podem influenciar os objetivos e o planeamento.
- Conhecer as principais ferramentas e instrumentos de gestão estratégica.
- Conhecer os diferentes modelos de gestão estratégica.
- Analisar as diferentes opções estratégicas ao nível da empresa, ao nível do negócio e ao nível funcional, de acordo com a tipologia das estratégias competitivas de Porter.

Estratégia e Planeamento

Existem poucas palavras tão utilizadas no estudo da gestão moderna como estratégia. As organizações modernas atuam em ambientes cada vez mais complexos e competitivos, pelo que, para crescerem ou mesmo sobreviverem, necessitam de um rumo, de uma **orientação estratégica**. Estratégia é o caminho a seguir para atingir os objetivos. É uma abordagem para superar um desafio ou para ultrapassar uma dificuldade (Figura 1.1):

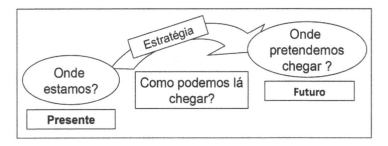

Figura 1.1 O que é Estratégia?

As definições de estratégia variam consoante os autores, mas todas têm algumas caraterísticas comuns, que têm a ver com as decisões estratégicas de uma organização. Alfred Chandler e Michael Porter, ambos professores da *Harvard Business School* e *Henry Mintzberg*, da *McGill University*, do Canadá, apontaram elementos importantes, mas diferentes, da definição de estratégia. Chandler enfatiza a determinação de objetivos de longo prazo e a alocação dos recursos necessários para atingir esses objetivos, enquanto Porter se focaliza nas diferenças, nas vantagens competitivas e na concorrência e Mintzberg usa o termo padrão para considerar que as estratégias nem sempre resultarem de escolhas deliberadas e de um plano lógico (estratégias deliberadas), mas podem emergir de várias formas não previstas (estratégias emergentes) (Figura 1.2). Todas estas definições incorporam elementos importantes do conceito de estratégia, mas todas elas enfatizam a caraterística de longo prazo.

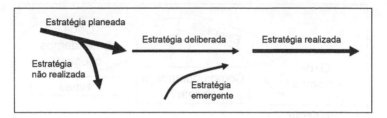

Figura 1.2 Tipos de Estratégias de Mintzberg

É pelo **planeamento** que os gestores identificam e selecionam os objetivos e desencadeiam as ações necessárias para atingir esses objetivos. O planeamento pode ser mais ou menos formal, mas é fundamental para que as organizações sejam capazes de responder com eficácia às mudanças do meio envolvente. O planeamento engloba quatro fases fundamentais (Figura 1.3):

Figura 1.3 Etapas do Processo de Planeamento Estratégico

CAPÍTULO 1 — PLANEAMENTO E GESTÃO ESTRATÉGICA   19

A definição da **missão** é a primeira fase do processo de planeamento e corresponde à finalidade para que a organização foi criada. A missão procura identificar o produto, os clientes e as necessidades que a organização pretende satisfazer e como se diferencia da concorrência. A fase seguinte é a discussão e definição dos principais **objetivos** de curto, médio e longo prazo da organização.

A segunda etapa do processo de planeamento é a **formulação da estratégia**. Os gestores fazem o diagnóstico da situação atual e depois concebem e desenvolvem as estratégias necessárias para cumprir a missão e atingir os objetivos.

A terceira etapa é a **implementação da estratégia**. Nesta fase os gestores decidem como alocar os recursos e as responsabilidades requeridas para implementar as estratégias e assegurar que a estratégia é atingida.

A quarta fase refere-se ao **controlo de gestão**, cujo objetivo é medir o desempenho organizacional, assegurar que a estratégia está a ser executada conforme foi delineada, saber se os resultados obtidos correspondem ou não aos resultados previstos e, em caso negativo, quais as razões por que não estão a ser cumpridos. A existência de um controlo efetivo, atempado e eficaz permite a tomada de medidas corretivas e antecipar fontes de potenciais problemas e ameaças vindas do interior da organização ou do mercado.

Evolução e Desenvolvimento do Pensamento Estratégico

Antes de abordar o conceito moderno de estratégia, é útil fazer uma breve resenha histórica do que se tem entendido por estratégia ao longo do tempo. A Figura 1.4 mostra as principais etapas do processo de gestão estratégica. A primeira etapa, que se pode associar ao período que começa nos anos 20 do século passado, centra-se na planificação financeira. Nesta etapa, a estratégia traduzia-se na elaboração dos pressupostos a partir dos quais se definia a estratégia da empresa em termos da fixação de metas para as diversas áreas funcionais da empresa (produção, vendas, finanças, etc.) e análise dos desvios.

Figura 1.4 Principais Etapas do Processo Estratégico

A segunda etapa da evolução do pensamento estratégico tem a ver com o planeamento financeiro de longo prazo. Esta etapa, que começa pelos anos 50, baseia-se na tentativa de prever o futuro através da elaboração de diversos cenários. A empresa elaborava previsões e planos para cada um dos cenários, a que atribuía probabilidades de ocorrência e tomava decisões em função desses cenários.

Até à segunda etapa, o pensamento estratégico estava orientado fundamentalmente para uma visão funcional da empresa, em que se planeavam individualmente as diferentes áreas e, a partir da agregação das áreas funcionais, se construía o planeamento global da empresa. Só a partir dos trabalhos de autores como Peter Drucker, Kenneth Andrews, Alfred Chandler e Igor Ansoff, se começou a sentir a necessidade de pensar a estratégia da empresa de uma maneira articulada, que identificasse as necessidades e objetivos de cada área funcional e as relacionasse com o ambiente competitivo em que a empresa se insere. Os trabalhos destes autores foram o embrião da terceira fase da evolução do pensamento estratégico, que tem como principais caraterísticas distintivas ver a empresa numa perspetiva global e analisar o mercado e a concorrência.

Peter Drucker, em 1954, foi um dos primeiros autores a referir o termo estratégia na gestão da empresa. Outro destacado autor da mesma época, Kenneth Andrews, professor da Universidade de Harvard, desenvolveu nos anos 60 o conceito de análise SWOT (*Strengths, Weaknesses, Opportunities, Threats*), ao constatar que os melhores gestores funcionais, quando promovidos internamente à gestão de topo, nem sempre se revelavam bons gestores, bons diretores gerais ou bons CEO.

A partir dos trabalhos destes autores, a estratégia passou a estar na primeira linha das preocupações, tanto dos gestores como dos académicos e investigadores, de tal modo que, a partir da década de 80, passou a ser estudada como disciplina autónoma nas universidades e escolas de gestão. O desenvolvimento do estudo da estratégia, que se tem registado nos últimos anos, deve-se à necessidade de uma maior eficiência que atualmente se exige na gestão da empresa moderna, mas também à maior complexidade do meio envolvente, altamente competitivo, onde só as empresas altamente eficientes e competitivas conseguem sobreviver.

A quarta fase do desenvolvimento do pensamento estratégico, que podemos designar por gestão estratégica, inclui a aprendizagem organizacional e a análise do ambiente competitivo na formulação da estratégia. Com os ensinamentos desta fase, a formulação da estratégia começa com uma adequada análise do meio envolvente e das capacidades e recursos internos com que a empresa pode contar com vista a avaliar a sua capacidade competitiva. A partir desta avaliação, a gestão define o que fazer com o negócio e que empresa se pretende ter no futuro. A definição da missão, a fixação dos objetivos estratégicos, a correta definição de vantagem competitiva e os planos de ação, constituem os elementos essenciais da formulação da estratégia.

O desenvolvimento desta quarta fase deve-se fundamentalmente aos trabalhos de Michael Porter, professor da *Harvard Business School*, que refinou o conceito de estratégia e desenvolveu potentes instrumentos e ferramentas de análise da estratégia e do ambiente competitivo, que adiante analisaremos.

Níveis e Tipos de Planeamento

O planeamento nas grandes empresas faz-se usualmente a três níveis: a **nível estratégico**, a **nível tático** e a **nível operacional** (Figura 1.5):

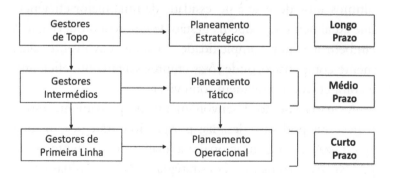

Figura 1.5 Níveis de Planeamento

CAPÍTULO 1 – PLANEAMENTO E GESTÃO ESTRATÉGICA   23

A gestão de topo é responsável pelo **planeamento estratégico** que engloba a empresa como um todo. Abaixo do planeamento estratégico situa-se o planeamento tático. São os gestores intermédios quem controla o **planeamento tático** e a estratégia das suas unidades de negócio e são responsáveis pela execução e implementação das decisões tomadas ao nível do planeamento estratégico. Cada divisão tem as suas próprias funções, como produção e operações, marketing, finanças, recursos humanos e investigação e desenvolvimento, entre outras. Os gestores de cada divisão são responsáveis pelo planeamento e objetivos estratégicos, com vista a aumentar a eficiência e a eficácia das suas áreas funcionais.

Por fim, ao nível mais básico, situa-se o **planeamento operacional**, exercido pelos gestores de primeira linha, que identifica os procedimentos e processos específicos requeridos ao nível operacional da organização. O planeamento operacional tem uma natureza de curto prazo e traduz-se na elaboração de orçamentos anuais ou orçamentos reportados a períodos mais curtos e na avaliação e controlo dos resultados das unidades organizacionais, confrontando os resultados obtidos com os resultados esperados (Figura 1.6):

Figura 1.6 Tipos de Planeamento

Gestão Estratégica

Gestão estratégica é um conjunto de ações e decisões de gestão que determinam o desempenho a longo prazo de uma organização. Inclui a análise do meio envolvente, a formulação e implementação da estratégica e a avaliação e controlo dos resultados, com vista a criar ou manter vantagem competitiva sustentável. O estudo da gestão estratégica enfatiza a monitorização e avaliação das oportunidades e ameaças externas e a potenciação dos trunfos e limitação das fraquezas da organização. A gestão estratégica engloba o planeamento estratégico, a análise do meio envolvente e a análise da estrutura da indústria.

O Processo de Gestão Estratégica

O processo de gestão estratégica é uma sequência de cinco etapas, que inclui o diagnóstico da situação atual, a análise estratégica, a formulação da estratégia, a implementação da estratégia e a avaliação e controlo dos resultados (Figura 1.7):

Figura 1.7 O Processo de Gestão Estratégica

Etapa 1 – Diagnóstico da situação atual – é a primeira etapa do processo de gestão estratégica, que consiste em identificar a missão e definir os objetivos e as estratégias da organização. A missão é a razão de ser da organização, o que significa a finalidade e utilidade dos seus produtos e serviços. Os objetivos são as bases do planeamento. Devem ser específicos, mensuráveis, ambiciosos e realistas, mas, para serem eficazes, devem ser negociados, aceites e comunicados a todos os interessados.

Etapa 2 – Análise estratégica – consiste na formulação da estratégia, que deve ser precedida da análise do meio envolvente, a fim de identificar os fatores externos à organização (análise externa) e internos (análise interna) que possam afetar o desempenho competitivo da organização. Isto implica fazer uma análise do meio envolvente externo, geral ou mediato e específico ou imediato, com vista a identificar as oportunidades e ameaças do mercado e a análise interna, para avaliar as forças e fraquezas da organização. As forças criam valor para o cliente e fortalecem a posição competitiva da empresa, enquanto as fraquezas podem colocar a empresa numa situação de desvantagem competitiva. Esta etapa do processo de gestão estratégica constitui a análise SWOT, desenvolvida por Kenneth Andrews nos anos 60.

Etapa 3 – Formulação da estratégia – esta fase consiste em:

- Desenvolver e avaliar as alternativas estratégicas.
- Selecionar as estratégias apropriadas para todos os níveis organizacionais, que proporcionam vantagens competitivas relativamente aos concorrentes.
- Adequar as forças às oportunidades do mercado.
- Corrigir as fraquezas e proteger-se das ameaças.

Etapa 4 – Implementação da estratégia – esta fase consiste em ajustar a estrutura organizacional ao meio envolvente. A implementação da estratégia requer uma estrutura organizacional ajustada às exigências da organização.

Etapa 5 – Avaliação e controlo dos resultados – é a etapa final do processo de gestão estratégica, que procura encontrar respostas para as seguintes questões:

- As estratégias foram ajustadas e produziram os efeitos desejados?
- Que ajustamentos ou correções são necessárias?

Uma estratégica de sucesso assenta em três pilares fundamentais – **análise das oportunidades do mercado** (análise externa), **análise dos recursos e capacidades da organização** (análise interna) e **implementação da estratégia** (Figuras 1.8):

Figura 1.8 Pilares da Gestão Estratégica

O colapso de qualquer um dos três pilares em que assenta a estratégia – oportunidades do mercado, recursos e capacidades da organização e implementação – levará inevitavelmente ao fracasso da estratégia e ao insucesso da organização (Figura 1.9):

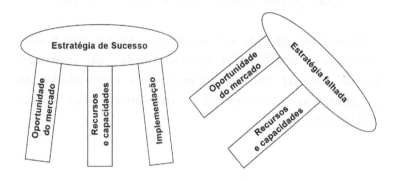

Figura 1.9 Porque Falham as Estratégias?

Missão e Visão

A **missão** representa a razão de ser da organização. Missão é uma declaração escrita que descreve os valores organizacionais, os princípios, as aspirações e as linhas de orientação da organização. A definição da missão é a base para o desenvolvimento dos objetivos e dos planos. Sem uma missão clara, dificilmente a organização seguirá na direção pretendida.

É a missão que distingue uma organização de outra organização de tipo semelhante. Uma missão bem definida é um fator de motivação e desempenho de uma organização. Algumas declarações de missão descrevem também as ca-

CAPÍTULO 1 – PLANEAMENTO E GESTÃO ESTRATÉGICA   29

raterísticas da organização, tais como os valores, a forma de fazer negócios, a qualidade do produto e a atitude perante os colaboradores.

A título de exemplo, a missão da Sonae Indústria é a seguinte:

> "O nosso objetivo é retirar o máximo potencial dos painéis derivados de madeira para benefício dos nossos clientes, acionistas, colaboradores e da sociedade em geral. As atividades estão assentes em boas práticas de governo de sociedades, na melhoria contínua da eficiência das operações e na promoção ativa de inovação, proporcionando um ambiente de trabalho motivador, seguro e justo".

Enquanto a missão descreve as atividades básicas do negócio, os fins e os valores que orientam a organização, a **visão** é a declaração do que a organização pretende ser no futuro. A visão reflete as aspirações da organização e define uma orientação geral que deverá moldar o comportamento dos membros da organização.

De igual modo, a visão da Sonae Indústria é a seguinte:

> "Ser reconhecido como um líder mundial sustentável no setor dos painéis derivados de madeira, proporcionando, de forma consistente, aos nossos clientes os melhores produtos, mantendo os mais elevados níveis de serviço e promovendo práticas empresariais e ambientais responsáveis".

A missão e a visão são elementos essenciais, porque definem a cultura, a atitude e o comportamento ético das or-

PLANEAMENTO, ESTRATÉGIA E TOMADA DE DECISÃO

ganizações e representam as linhas mestras para a definição de objetivos, a formulação das estratégias e a elaboração dos planos.

Objetivos

Os objetivos são os resultados que a organização pretende alcançar no seu processo de planeamento. Os **objetivos** são metas que as organizações pretendem alcançar, através da alocação de recursos. Os objetivos podem ser classificados consoante a sua natureza (rendibilidade, produtividade, crescimento, satisfação dos clientes, quota de mercado, inovação e desempenho), mas devem obedecer às seguintes caraterísticas:

Mensuráveis – devem ser especificados de forma quantitativa como, por exemplo, aumentar o volume de vendas em 10%, conquistar uma quota de mercado de 15%, atingir um volume de faturação de € 100 milhões, ou obter um ROE de 15%.
Ambiciosos – devem ser difíceis de alcançar para motivarem os colaboradores.
Realistas – devem ser possíveis de alcançar, caso contrário desmotivam e desvinculam os colaboradores.
Definidos no tempo – devem especificar o horizonte temporal para a sua realização, de modo a ser possível controlar e avaliar se foram alcançados.
Ser aceites – devem ser negociados e aceites pelos colaboradores, para que estes se sintam vinculados.

CAPÍTULO 1 — PLANEAMENTO E GESTÃO ESTRATÉGICA   31

Para serem eficazes, devem ser estabelecidas relações entre os objetivos e o sistema de incentivos ou recompensas, de forma que os colaboradores estejam mais motivados e tenham a noção da importância de se atingir os objetivos fixados.

Diagnóstico da Situação Atual

Análise SWOT

A formulação da estratégia começa com a análise **SWOT**, isto é, com o diagnóstico dos fatores internos e externos que afetam a posição competitiva da organização. A análise SWOT visa identificar as forças *(Strengths)* e fraquezas internas da organização *(Weaknesses)* e as oportunidades *(Opportunities)* e ameaças *(Threats)* externas do seu ambiente competitivo.

Uma importante contribuição da análise SWOT é que os gestores não se devem preocupar apenas com o que se passa no interior da empresa, mas também com as mudanças do seu meio envolvente (Figura 1.10):

Pontos Fortes *(Strengths)*	Pontos Fracos (*Weaknesses*)
. Liderança do mercado	. Inventários elevados
. Produtos de alta qualidade	. Alta rotatividade dos empregados
. Estrutura de custos baixos	. Imagem de marca fraca
. Forte cultura organizacional	. Má gestão
. Boa situação financeira	. Dificuldades financeiras
. Investigação & Desenvolvimento	. Excesso de capacidade produtiva
Oportunidades (Opportunities)	**Ameaças *(Threats)***
. Concorrência fraca	. Saturação do mercado
. Eliminação de barreiras à entrada	. Fraca taxa de crescimento do setor
. Mudanças de hábitos de consumo	. Entrada de novos concorrentes
. Crescimento da economia	. Taxa de câmbio desfavorável
. Mudança da legislação	. Taxa de juro elevada
. Novas tecnologias	. Ameaça de compra da empresa

Figura 1.10 Análise SWOT

O primeiro passo da análise SWOT consiste em identificar as forças e fraquezas da organização (**análise interna**). A Figura 1.10 lista algumas forças importantes, como a liderança do mercado, investigação e desenvolvimento, situação financeira e algumas fraquezas, como o aumento dos custos de produção, inventários exagerados e elevada rotação dos empregados. O papel dos gestores é identificar as forças e fraquezas da organização, para as potenciar ou atenuar, respetivamente.

A segunda etapa da análise SWOT consiste em identificar potenciais oportunidades e ameaças do meio envolvente que afetam ou podem afetar a empresa no futuro (**análise externa**). A Figura 1.10 exemplifica algumas dessas oportunidades e ameaças que os gestores devem identificar para a organização aproveitar as primeiras e defender-se das segundas.

Feito o diagnóstico da situação atual e identificados os trunfos e debilidades e oportunidades e ameaças, os gestores estão em condições de continuar o processo de planeamento e determinar as estratégias específicas para cumprir a missão da organização e atingir os objetivos definidos.

CAPÍTULO 1 – PLANEAMENTO E GESTÃO ESTRATÉGICA

O resultado da definição dessas estratégias deve capacitar a organização para cumprir os objetivos, aproveitando as oportunidades, contendo as ameaças, potenciando os trunfos e atenuando as fraquezas.

Análise Estrutural da Indústria

A atividade em qualquer indústria está sujeita às regras da concorrência. É da compreensão do modo de funcionamento da indústria, da estrutura da indústria e da forma como esta afeta a empresa que deve emergir a **estratégia competitiva**. Porter chegou à conclusão de que o potencial de lucro de uma indústria é determinado principalmente pela intensidade competitiva na indústria, que depende de cinco forças:

1. Rivalidade entre os concorrentes.
2. Ameaça de novas entradas.
3. Ameaça de produtos substitutos.
4. Poder negocial dos clientes.
5. Poder negocial dos fornecedores.

Se todas estas forças forem fortes, então é muito provável que uma empresa que queira entrar no negócio não obtenha uma boa rendibilidade. Segundo este modelo, uma indústria é tanto mais atrativa quanto menor for a intensidade das cinco forças competitivas.

A Figura 1.11 resume o Modelo das Cinco Forças Competitivas de Porter, que ajuda os gestores a focarem-se nas cinco importantes forças competitivas ou ameaças potenciais do meio ambiente externo. No centro destas forças está a rivalidade competitiva entre as empresas de uma mesma indústria.

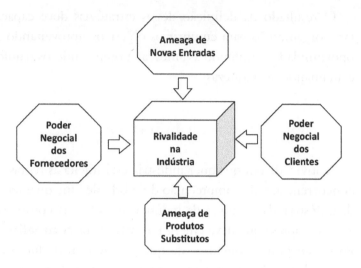

Figura 1.11 Modelo das Cinco Forças Competitivas de Porter

1. Rivalidade entre os Concorrentes

Os determinantes do nível de rivalidade podem consistir em causas internas ou externas à indústria, podendo referir-se a título de exemplo:

- Número de empresas presentes na indústria.
- Taxa de crescimento do mercado.
- Diferenciação do produto ou serviço.
- Nível de custos fixos.
- Barreiras à saída.
- Importância estratégica do negócio.

2. Ameaça de Novas Entradas

A entrada de novos concorrentes tem impacto no desempenho das empresas já instaladas, obrigando-as a assumir comportamentos reativos. Porter identificou as seguintes consequências:

CAPÍTULO 1 – PLANEAMENTO E GESTÃO ESTRATÉGICA   35

- Aumento da capacidade instalada.
- Luta por quota de mercado.
- Acréscimo no consumo de recursos.

A ameaça de entrada de novos concorrentes num mercado depende da existência de barreiras à entrada e das ações de retaliação, designadamente:

- Economias de escala.
- Diferenciação de produtos.
- Volume de investimento necessário.
- Política governamental.
- Acesso a canais de distribuição.
- Economia de custos (patentes, curva de experiência,...)

3. Ameaça de Produtos Substitutos

A pressão exercida sobre o mercado pela ameaça de produtos substitutos incrementa a competitividade na indústria e impõe tetos máximos de preços a praticar. Desta forma, a ameaça de produtos substitutos limita o potencial da indústria, afeta o desempenho das empresas e conduz à redução dos níveis de preços.

4. Poder Negocial dos Clientes

O poder negocial dos clientes assume-se cada vez mais como uma força competitiva que poderá pôr em causa a rendibilidade da indústria, por poder influenciar ou induzir variações de preços. Cada vez mais, o cliente é mais exigente, quer em termos de preço, quer em termos de qualidade, pressionando a concorrência à custa da rendibilidade da indústria.

Analisar os determinantes deste poder é estudar os fatores importantes para qualquer negócio, tais como:

- Importância do cliente na faturação da empresa.
- Ameaça de integração a montante, isto é, entrar no negócio da empresa.
- Custos de mudança.
- Os produtos que compram são pouco diferenciados.

Este modelo permite identificar as caraterísticas básicas estruturais da indústria que determinam as forças competitivas e definem o potencial de lucro do setor, medido em termos de rendibilidade a médio e longo prazo dos capitais investidos.

5. Poder Negocial dos Fornecedores

Um elevado poder negocial dos fornecedores constitui uma limitação à rendibilidade da indústria, na medida em que pode fazer aumentar os preços ou diminuir a qualidade das matérias-primas.

Este poder é de facto um fator restritivo da atratividade da indústria e é indispensável o estudo dos fatores que o determinam, tais como: |

- Custos de mudança.
- Importância do volume de compras.
- O custo relativo no total de compras da indústria.
- Ameaça de integração a jusante, isto é, entrar no negócio da empresa.
- Concentração de fornecedores.

Por estas razões, a seleção de fornecedores torna-se numa variável estratégica crucial.

Formulação da Estratégia

Formulação da estratégia é o desenvolvimento de planos de longo prazo para a gestão das oportunidades e ameaças do meio envolvente e a potenciação das forças e limitação das fraquezas. Na formulação da estratégia, os gestores definem a missão da organização, especificam os objetivos e desenvolvem as estratégias a nível da empresa, a nível do negócio e a nível funcional, que permitam cumprir a sua missão e atingir os objetivos.

Níveis da Estratégia

Com base na análise SWOT, os gestores dos diferentes níveis definem as estratégias para que a organização cumpra a sua missão e atinja os objetivos.

A formulação da estratégia situa-se a três níveis: a **nível da empresa**, a **nível do negócio** e a **nível funcional** (Figura 1.12):

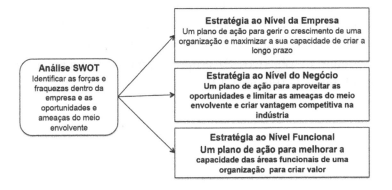

Figura 1.12 Formulação da Estratégia

A formulação da estratégia faz-se a três níveis segundo uma determinada hierarquia: **estratégia ao nível da empresa, estratégia competitiva** ou **ao nível do negócio** e **estratégia ao nível funcional** (Figura 1.13).

Enquanto a **estratégia ao nível da empresa** é definida pela gestão de topo e visa determinar a atitude da empresa face ao crescimento e à forma como pretende gerir os seus negócios ou linhas de produtos, ou seja, procura definir em que negócios participar, que produtos produzir e a melhor forma de coordenar as diferentes atividades e negócios da empresa para obter vantagem competitiva, a **estratégia competitiva** ou **estratégia ao nível do negócio** situa-se ao nível das unidades estratégicas de negócio ou linha de produtos e foca-se na melhoria da posição competitiva da empresa em cada área de negócio.

Apesar de diferentes, a estratégia competitiva e a estratégia ao nível da empresa estão altamente correlacionadas. A estratégia ao nível da empresa depende das vantagens competitivas que se procuram a nível de cada negócio, as quais, por sua vez, dependem da estratégia da empresa.

A **estratégia ao nível funcional** refere-se à forma como os gestores das áreas funcionais específicas, como investigação e desenvolvimento, produção, marketing, recursos humanos e finanças, decidem a melhor forma de alocar os recursos e atingir os objetivos da empresa, através da melhoria da produtividade (Figura 1.13):

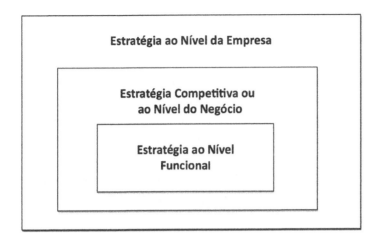

Figura 1.13 Níveis de Estratégia

Estratégias ao Nível da Empresa

A estratégia ao nível da empresa define o rumo que a organização pretende seguir. É um plano de ação que envolve escolher em que produtos, em que indústrias ou em que países a empresa deve investir os seus recursos, com vista a desempenhar a sua missão e atingir os objetivos organizacionais.

Ao definir a sua estratégia ao nível da empresa, os gestores devem questionar como deve ser gerido o crescimento e desenvolvimento da empresa para aumentar a sua capacidade de criar valor para os clientes. Os gestores devem procurar novas oportunidades para usar os recursos da empresa e desenvolver novos produtos e novos serviços para os clientes.

Os gestores de topo devem encontrar as estratégias da empresa que podem ajudar a organização a fortalecer as suas estratégias ao nível de negócio e melhorar o seu nível de desempenho. Paralelamente, devem ajudar as suas organizações a responder às ameaças do meio envolvente, que tornaram as suas estratégias ao nível do negócio menos efetivas e levaram à redução dos lucros. Por exemplo, os clientes podem deixar de comprar os produtos e serviços de uma empresa por já não corresponderem aos seus gostos ou desejos, ou por outras organizações terem entrado no mercado e atacado os seus clientes, oferecendo melhor qualidade dos produtos ou melhores preços.

As principais estratégias ao nível da empresa que os gestores podem usar para ajudar a empresa a crescer e guindá-la ao topo da indústria ou ajudar a reverter o seu processo de degradação, são as seguintes:

1. Concentração numa única indústria.
2. Integração vertical.
3. Diversificação.
4. Expansão internacional.
5. Matriz produto-mercado de Ansoff.

Uma organização beneficiará se prosseguir uma destas estratégias quando a estratégia ajuda a aumentar o valor dos produtos ou serviços e os clientes compram mais esses produtos ou serviços. Especificamente, para aumentar o valor dos produtos e serviços, a estratégia ao nível da empresa deve orientar a empresa numa destas direções:

- **Redução de custos** de desenvolvimento e produção dos produtos, ou
- **Diferenciação dos produtos ou serviços** de tal modo que os clientes valorizem essa diferenciação e estejam dispostos a pagar mais por esses produtos ou serviços.

Concentração numa Única Indústria

A maioria das empresas em crescimento reinveste os seus lucros na indústria em que se insere, para fortalecer a sua posição competitiva. Neste caso, as empresas seguem uma estratégia ao nível da empresa de concentração numa única indústria.

Normalmente, as organizações usam as suas capacidades para desenvolver novos tipos de produtos ou alargar os mercados onde podem colocar os seus produtos. Por exemplo, a Apple está continuamente a melhorar os seus iPhones e IPads e a McDonald's está constantemente a expandir a sua rede de distribuição em todo o mundo. Esta estratégia de concentração num único setor pode tornar-se muito forte porque aumenta a dimensão das empresas e reduz os custos unitários, mas pode também ser muito arriscada, na medida em que está dependente das oscilações do mercado.

Outras empresas, pelo contrário, usam estratégias diferentes quando têm um bom desempenho. Muitas vezes decidem entrar em novas indústrias nas quais investem os seus recursos para criar novos produtos com maior valor para o cliente. Começam por adotar uma **estratégia de integração vertical**, como é o caso da Sonae, dos Bancos e da Apple ou usam uma **estratégia de diversificação**, como é o caso da Unicer que, depois da cerveja, entrou no negócio dos sumos, do vinho e das águas, com vista a aproveitar as sinergias existentes, nomeadamente ao nível de transporte e distribuição.

Integração Vertical

Quando uma organização tem um bom desempenho na indústria, os gestores vêm novas oportunidades para criar valor, quer produzindo as matérias-primas de que necessitam, quer criando ou adquirindo os canais de distribuição dos seus produtos até aos seus clientes. É o caso, por exemplo, de uma cervejeira produzir as suas próprias garrafas ou adquirir uma empresa de distribuição.

A integração vertical é uma estratégia ao nível da empresa, segundo a qual a empresa expande os seus negócios a montante numa nova indústria que produz os *inputs* para os seus produtos (integração vertical a montante), ou investe numa nova indústria que usa, distribui ou vende os produtos da empresa (integração vertical a jusante).

Diversificação

Diversificação é a estratégia ao nível da empresa que consiste em expandir os negócios para novas indústrias com vista a produzir uma nova gama de produtos ou serviços ou expandir para novos mercados. Por exemplo, a Unicer e a Centralcer, cujo negócio principal é a produção e venda de cerveja, diversificaram os seus negócios para as águas, com a compra da Vitalis, Vidago e Pedras Salgadas e da Luso, respetivamente.

Há duas formas principais de diversificação: **diversificação relacionada** e **diversificação não relacionada**:

1. **Diversificação relacionada** é a estratégia de entrar em novos negócios ou novas indústrias para criar

CAPÍTULO 1 – PLANEAMENTO E GESTÃO ESTRATÉGICA   43

vantagem competitiva num ou mais negócios já existentes. Neste caso, a empresa diversifica para áreas similares. Esta estratégia é vantajosa quando se criam sinergias entre os diversos negócios da empresa. Há sinergia quando o valor criado por dois negócios que trabalham em conjunto é maior do que a soma obtida por cada negócio quando operam separadamente. Por exemplo, há sinergias entre os negócios da cerveja, dos sumos e das águas, na medida em que o transporte que distribui a cerveja leva também os sumos ou águas, já que os clientes normalmente são os mesmos.

2. **Diversificação não relacionada** é a estratégia de entrar em novos negócios ou novas indústrias que não estão de qualquer forma relacionados com os negócios ou indústrias já existentes. A principal razão para a diversificação não relacionada é a compra de empresas em condições muito favoráveis, dada a situação financeira precária, para a qual transferem as suas capacidades de gestão, reestruturam os seus negócios e melhoram o desempenho. Muitas vezes, a diversificação não relacionada tem também como objetivo a diminuição do risco ou das crises na indústria que a concentração necessariamente implica.

Apesar da diversificação não relacionada poder potencialmente criar valor para a empresa, é difícil de gerir e, se for exagerada, poderá implicar a perda de controlo dos gestores relativamente ao seu negócio principal e ter como consequência destruir valor em vez de criar valor para a empresa.

Só as empresas com elevados recursos financeiros e humanos estão em condições de diversificar desta maneira os seus negócios, ou empresas especializadas neste tipo de negócios, como são os *private equity funds,* como veremos no volume dedicado à gestão financeira.

Expansão Internacional

Nos seus processos de expansão dos negócios, para além das estratégias de concentração, integração vertical ou diversificação, as empresas sentiram a necessidade de estudar a melhor forma de competirem internacionalmente.

A presença permanente nos mercados internacionais poderá fazer-se de várias formas, desde formas simples que não envolvem grandes riscos e recursos, como a exportação, a formas mais avançadas, com assunção de grandes riscos e envolvimento de recursos avultados, como *joint ventures* com parceiros locais ou investimento direto no estrangeiro.

A opção por uma ou outras formas de internacionalização depende de vários fatores, como as potencialidades dos mercados externos, a capacidade financeira das empresas, as expectativas de lucro, a forma como será financiada ou o tipo de controlo que se pretende efetuar.

Estratégia Produto-Mercado de Ansoff

Depois de analisado o ambiente externo e interno, os gestores devem definir a estratégia da organização, ou seja, quais os negócios da empresa e como se interrelacionam. A estratégia ao nível da empresa define o rumo que a organização deve seguir de forma a cumprir a sua missão e atingir os objetivos definidos.

CAPÍTULO 1 — PLANEAMENTO E GESTÃO ESTRATÉGICA   45

Igor Ansoff nos anos 60 desenvolveu uma matriz, designada matriz produto-mercado, que define as opções estratégicas que se colocam aos gestores quando pretendem alcançar uma posição de topo na indústria ou quando pretendem relançar uma empresa que apresenta dificuldades de crescimento (Figura 1.14):

Mercados / Produtos	Atuais	Novos
Atuais	Penetração do Mercado	Desenvolvimento do Mercado
Novos	Desenvolvimento do Produto	Diversificação

Figura 1.14 Matriz Produto-Mercado de Ansoff

De acordo com Ansoff, as opções de crescimento interno e externo que se colocam aos gestores podem ser classificadas em quatro estratégias:

- **Estratégia de penetração no mercado** – carateriza-se pelo aumento do volume de vendas nos mercados onde a empresa atua. Esta estratégia traduz-se na opção de crescimento orgânico pela via do aumento da quota de mercado. As empresas que recorrem a esta estratégia estão sujeitas a dois tipos de constrangimentos que têm que enfrentar: retaliação dos concorrentes e constrangimentos legais existentes em muitos países.

- **Estratégia de desenvolvimento do produto** – carateriza-se pelo desenvolvimento de novos produtos nos mercados onde a empresa opera. É uma estratégia arriscada e cara na medida em que implica investimentos avultados em investigação e desenvolvimento e em novos equipamentos.
- **Estratégia de desenvolvimento do mercado** – é uma estratégia alternativa ao desenvolvimento do produto que se carateriza pela oferta dos produtos existentes em novas áreas geográficas, em novos segmentos do mercado ou a novos clientes. A internacionalização é um caso típico deste tipo de estratégia.
- **Estratégia de diversificação** – consiste no lançamento de novos produtos em novos mercados. Trata-se de uma estratégia arriscada, pelo que os gestores só devem fazer uso desta estratégia quando as outras tiverem esgotado as suas potencialidades.

O crescimento externo ocorre quando a organização expande a sua atividade atual em novos mercados ou entra em novas áreas de negócio, através de fusões ou aquisições de outras organizações.

Análise do Portfólio ou da Carteira de Negócios

O fator determinante para uma estratégia de sucesso relativa a cada segmento de negócio é a sua **posição com-**

petitiva. Em resultado do efeito da curva de experiência e de sinergias verificadas ao nível do negócio, o concorrente com quota de mercado mais elevada num dado segmento está em melhores condições de desenvolver uma estratégia de custos mais baixos e, consequentemente, de lucros mais altos e estáveis.

A posição concorrencial relativa num segmento de negócio constitui um objetivo estratégico fundamental. A maneira mais simples de exprimir a posição concorrencial relativa é a quota de mercado relativa, ou seja, a razão entre a quota de mercado da empresa e a quota de mercado do seu principal concorrente, o que significa que apenas a empresa líder possui uma quota de mercado relativa superior à unidade, enquanto todos os concorrentes possuem quotas de mercado relativas inferiores à unidade.

Uma empresa que faça uma análise cuidadosa da sua carteira de negócios, facilmente descobrirá que os seus negócios ocupam posições concorrenciais diferenciadas. Alguns negócios serão concorrencialmente sólidos, enquanto outros se revelarão débeis do ponto de vista competitivo, colocando-se à empresa a opção estratégica de tentar melhorar a sua posição concorrencial investindo nesses negócios ou, caso não se revelarem interessantes, desinvestir e mesmo abandonar.

Uma solução para este dilema exige o desenvolvimento de modelos que possibilitem a seleção da combinação ótima de estratégias de negócio no espetro de alternativas possíveis e oportunidades que se deparam à empresa, condicionadas pelas suas restrições, designadamente em termos de mercado e de recursos financeiros.

a. Matriz Crescimento/Quota de Mercado ou Matriz BCG

Com base nestes pressupostos, a consultora *Boston Consulting Group* (BCG) desenvolveu um modelo de análise de uma carteira de negócios que assenta nas duas dimensões seguintes: **quota de mercado relativa** e **taxa de crescimento do mercado**.

Os negócios de qualquer empresa poderão facilmente enquadrar-se numa das quatro grandes categorias representadas esquematicamente na Figura 1.15:

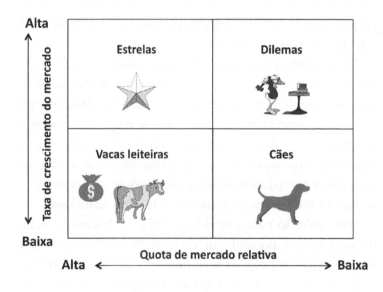

Figura 1.15 Matriz BCG

Os negócios "estrelas" (*stars*) situam-se no quadrante superior esquerdo da matriz e caraterizam-se por elevado

CAPÍTULO 1 – PLANEAMENTO E GESTÃO ESTRATÉGICA   49

crescimento do mercado e elevada quota de mercado relativa. Como estes produtos ou negócios apresentam um crescimento rápido, serão utilizados recursos avultados para manter a posição concorrencial. Trata-se também de uma posição de liderança pelo que no futuro deverá gerar fundos elevados. Em resultado desta posição no mercado, os negócios estrelas tendem a gerar o seu próprio autofinanciamento. Representam, por ventura, as melhores oportunidades de investimento que se deparam à empresa, pelo que não deverão ser regateados esforços para acompanhar o crescimento do mercado e manter a posição concorrencial. Esta estratégia poderá exigir investimentos avultados para além da sua capacidade geradora de fundos e gerar margens reduzidas, mas poderá ser útil a longo prazo.

Quando o mercado afrouxar, como acontece em todos os negócios, desde que a quota de mercado seja mantida, o negócio evoluirá para o quadrante inferior esquerdo tornando--se uma "vaca leiteira" (*cash cow*). Se os negócios "estrelas" não conseguirem manter a quota de mercado relativa, como muitas vezes acontece quando se tem uma visão de curto prazo, reduzindo os investimentos e aumentando os preços, então poderão cair para o quadrante inferior direito e tornar-se "cães" (*dogs*).

Os negócios "vacas leiteiras" situam-se no quadrante inferior esquerdo da matriz e caraterizam-se por fraco crescimento e elevada quota de mercado relativa. Como têm uma posição de supremacia no mercado e baixos custos e como não necessitam de grandes investimentos, o *cash flow* libertado é elevado, o que permite pagar dividendos aos sócios/acionistas e canalizar fundos para investimento noutros negócios mais promissores e potenciadores do futuro da empresa.

Os negócios "cães" situam-se no quadrante inferior direito da matriz e caraterizam-se por fraco crescimento e reduzida quota de mercado relativa. A sua posição concorrencial débil condena-os a lucros baixos, mas não desprezíveis, dado que têm baixos custos e não necessitam de grandes investimentos. Trata-se de negócios que apenas serão de manter enquanto gerarem lucros, caso contrário é preferível o seu abandono.

Os negócios "dilema" ou "pontos de interrogação" (*question marks*) situam-se no quadrante superior direito da matriz e caraterizam-se por elevado crescimento do mercado e fraca quota de mercado relativa. Nestes negócios, as necessidades de fundos são elevadas atendendo à necessidade de acompanhar o elevado crescimento do mercado e ao facto de se tratar de um produto em desenvolvimento, mas o *cash flow* gerado é fraco devido à reduzida quota de mercado relativa. Se nada se fizer para acompanhar o crescimento do mercado, o negócio corre o risco, quando o crescimento do mercado afrouxar, de se tornar um cão. A estratégia relativamente a estes negócios terá que ser muito seletiva, ou seja, efetuar todos os investimentos que forem necessários para ganhar quota de mercado no intuito de ganhar a liderança e tornar--se "estrela" e mais tarde, quando o negócio entrar na fase de maturidade, tornar-se um negócio "vaca leiteira", ou então abandonar os negócios que se revelarem mais problemáticos ou duvidosos.

Muitas empresas dispõem de uma carteira de negócios que se espalham por todos os quadrantes da matriz, mas é possível delinear a estratégia global que cada empresa deverá adotar. O objetivo primordial é manter uma carteira equilibrada, ou seja, assentar a base dos negócios da empresa nas "vacas leiteiras", mas ter também negócios em todos os qua-

CAPÍTULO 1 – PLANEAMENTO E GESTÃO ESTRATÉGICA   51

drantes da matriz. Os fundos gerados pelos negócios "vacas leiteiras" deverão ser utilizados prioritariamente para manter ou consolidar posição nos negócios "estrelas", que ainda não são auto-suficientes, mas assegurarão o futuro da empresa. Alguns excedentes gerados pelas "vacas leiteiras" deverão ser canalizados para assegurar a liderança de um número selecionado de negócios "dilema".

Finalmente, todas as empresas possuem alguns negócios "cães". Não há nada de mal a este respeito, até porque alguns "cães" podem ser muito rendíveis, por não necessitarem de investimentos, por poderem situar-se em nichos de mercado interessantes e por terem custos baixos, mas é essencial perceber que não é neste tipo de negócios em que deve assentar a estratégia da empresa.

A estratégia adequada para uma empresa com vários negócios implicará um equilíbrio na sua carteira de negócios, em que os fundos libertos pelos negócios "vacas leiteiras" e "cães" sejam suficientes para suportar os negócios estrelas e financiar os negócios dilemas que sejam selecionados para atingir a liderança do mercado. Este padrão de estratégias está indicado pelas setas que sinalizam o fluxo dos fundos libertos pelas vacas leiteiras (Figura 1.16):

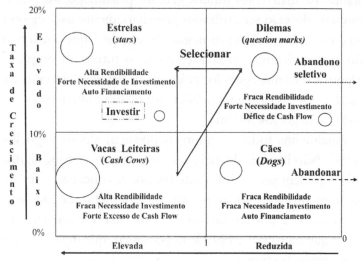

Figura 1.16 Modelo BCG na Prática

b. Matriz GE-McKinsey

A General Electric e a consultora internacional McKinsey & Co, desenvolveram uma matriz constituída por nove células, determinadas pelas dimensões atratividade do mercado e posição competitiva da empresa (Figura 1.17).

De acordo com este modelo, a dimensão "atratividade do mercado" inclui o ciclo de vida do produto, a taxa de crescimento do mercado, a rendibilidade da indústria, a dimensão e as práticas de preços, entre outras possíveis ameaças e oportunidades. A dimensão "posição competitiva" inclui a quota de mercado, a posição tecnológica, a rendibilidade e a dimensão entre outros possíveis trunfos e fraquezas.

Tal como na matriz BCG, os produtos ou unidades de negócios são representados por círculos, cujos diâmetros repre-

CAPÍTULO 1 — PLANEAMENTO E GESTÃO ESTRATÉGICA   53

sentam a percentagem das vendas dos produtos ou unidades de negócios no volume total de faturação da empresa.

Em termos gerais, as nove células da matriz GE/McKinsey representam um avanço relativamente à matriz BCG, na medida em que considera mais variáveis e não é tão simplista nas suas conclusões. Reconhece que a atratividade do mercado pode ser avaliada de diversas formas e não apenas pela sua taxa de crescimento, o que permite aos utilizadores recorrerem ao critério que entendam ser o mais adequado. Tem, todavia, também algumas debilidades, como poder ser complicado calcular as dimensões em que se baseia o modelo e, embora possa parecer objetiva a estimação da atratividade da indústria e da posição competitiva, na realidade introduz algum grau de subjetividade no seu cálculo, podendo variar de indivíduo para indivíduo.

		Posição competitiva		
		Fraca	Média	Forte
Atratividade do mercado	Forte	**Expandir** Especializar Reforçar fraquezas Sair se não crescer	**Investir/ Crescer** Conquistar liderança Concentrar esforços Reforçar certas áreas	**Proteger posição** Investir para crescer Concentrar esforços
	Média	**Crescer seletivamente** Expandir sem riscos Limitar investimento Sair se não crescer	**Gerir** Proteger negócio Investir sem risco Reforçar retorno	**Reforçar posição** Investir segmentos atractivos Bater concorrentes
	Fraca	**Desinvestir** Não investir Cortar custos Sair	**Rendibilizar** Proteger Reduzir custos Cortar investimentos	**Proteger/ Rendibilizar** Garantir retorno Gerir bons segmentos Defender áreas fortes

Zona de crescimento   Zona de desinvestimento   Zona de gestão da rendibilidade

Figura 1.17 Matriz GE/McKinsey

PLANEAMENTO, ESTRATÉGIA E TOMADA DE DECISÃO

Os diferentes tipos de estratégias representadas na matriz podem caraterizar-se da seguinte maneira:

a. **Estratégias de crescimento e de melhoria da posição competitiva** – estratégias ofensivas para fortalecer a posição competitiva, melhorando a quota de mercado ou entrando em novos mercados atrativos. A estratégia de desenvolvimento de novos mercados exige grandes investimentos em recursos de marketing, podendo gerar prejuízos enquanto o negócio não atingir o ponto de equilíbrio (*breakeven point*).

b. **Estratégias de monitorização e rendibilização** – estratégias defensivas usadas em mercados menos atrativos em que um negócio tem algum nível de posição competitiva. Uma estratégia de monitorização gere os preços e os recursos com vista a maximizar os resultados, sem sair do mercado. As empresas reduzem os investimentos ao mínimo e procuram rendibilizar a sua posição de mercado.

c. **Estratégias de desinvestimento e abandono** – estratégias defensivas para maximizar os resultados e o cash flow nos mercados existentes. Os preços tendem a subir para compensar a redução do volume de vendas e as despesas em marketing tendem a reduzir-se. O negócio mantém-se enquanto gerar a sua própria rendibilidade.

São vários os fatores que afetam a **atratividade do mercado**. A posição no ciclo de vida do produto e a taxa de cescimento do mercado são medidas de atratividade do mercado que afetam as vendas e os lucros. As vendas e os lucros tendem a ser mais elevados nas fases de crescimento e maturidade e tendem a decrescer à medida que o produto entra na fase de declínio.

O processo de planeamento estratégico de marketing requer uma análise em profundidade da atratividade do mercado. Para avaliar a atratividade do mercado, um negócio deve colocar a seguinte questão: Que fatores tornam um negócio atrativo ou não atrativo?

Os fatores que tipicamente mostram a atratividade são a dimensão do mercado, o crescimento do mercado, a concorrência, as margens potenciais, a facilidade de acesso ao mercado e um correto ajustamento do mercado às capacidades da empresa. Estes fatores podem ser agrupados em três **dimensões de atratividade do mercado** (Figura 1.18):

1. Forças do mercado.
2. Ambiente competitivo.
3. Facilidade de acesso ao mercado.

Figura 1.18 Fatores de Atratividade do Mercado

Para criar uma medida de atratividade do mercado, cada uma destas dimensões pode ser ponderada de modo a refletir a sua importância em relação aos outros. Cada uma destas dimensões é subdividida em vários fatores que contribuem para cada uma das dimensões da atratividade do mercado e cada um destes fatores é ponderado de modo a representar a sua importância relativa dentro da respetiva dimensão. Atribuindo um *rating* à atratividade de cada fator dentro de cada dimensão, é possível calcular um índice geral de atratividade do mercado.

O cálculo da **posição competitiva** é similar ao cálculo da atratividade do mercado. A primeira questão que se deve colocar é a seguinte:

O que faz um negócio forte e outro fraco relativamente à posição competitiva?

Para responder a esta questão, podem apontar-se três dimensões que determinam a **posição competitiva** (Figura 1.19):

1. Diferenciação.
2. Nível de custos.
3. Posição de mercado.

Figura 1.19 Fatores de Posição Competitiva

A cada dimensão da posição competitiva atribui-se um peso relativo, tal como fizemos na determinação da atratividade do mercado. Cada uma destas dimensões é subdividida em vários fatores que contribuem para cada uma das dimensões da posição competitiva e cada um destes fatores é ponderado de modo a representar a sua importância relativa dentro da respetiva dimensão. Atribuindo um *rating* à posição competitiva de cada fator, dentro de cada dimensão, é possível calcular um índice geral da posição competitiva do produto ou do negócio.

c. Matriz ADL (Arthur D. Little)

Tal como os modelos BCG e GE/McKinsey, a matriz ADL é uma ferramenta de gestão usada para analisar e optimizar uma carteira de negócios de uma empresa. Embora semelhante às matrizes anteriores, baseia a sua análise em duas dimensões diferentes: o **grau de competitividade da empresa** e o **ciclo de vida do produto ou da indústria**.

Subjacente à escolha destas dimensões, está o facto de se considerar que a rendibilidade de uma organização será tanto maior quanto melhor for a sua posição competitiva e que quanto mais jovem for o produto ou o negócio maiores serão as necessidades de investimentos e, consequentemente, maiores os riscos do negócio.

Tal como as matrizes anteriores, também a matriz ADL propõe a adoção de algumas estratégias pelas organizações, com vista a assegurar o equilíbrio da carteira de negócios e a sua rendibilização (Figura 1.20):

		Ciclo de vida do produto/ indústria			
		Lançamento	Crescimento	Maturidade	Declínio
Posição competitiva	Forte	Estratégia de desenvolvimento Apostar/Investir			
	Moderada		Estratégia de desenvolvimento seletivo		
	Fraca				Estratégia de abandono

Figura 1.20 Matriz ADL

As estratégias propostas têm em consideração a caraterização do negócio em termos da sua posição competitiva e grau de maturidade dos negócios, resultando as seguintes estratégias genéricas:

- **Estratégia de desenvolvimento** – assente no investimento nestes negócios por se tratar de negócios em fase de lançamento ou crescimento do seu ciclo de vida e porque a empresa tem uma posição competitiva moderada e forte relativamente aos concorrentes. As estratégias específicas a desenvolver, dependendo da fase do ciclo de vida em que se encontra a respetiva indústria, podem passar pelo reforço do investimento no aumento da capacidade produtiva ou intensificação da atividade comercial, com penetração em novos mercados ou formas de integração vertical ou horizontal.

- **Estratégia de desenvolvimento seletivo** − trata-se de uma estratégia adequada a negócios com fraca capacidade competitiva e a negócios nas fases de crescimento, maturidade ou declínio. Esta estratégia visa fundamentalmente aumentar a rendibilidade do negócio através da melhoria da posição competitiva.
- **Estratégia de abandono** − trata-se de uma estratégia adequada para negócios em fase de crescimento, de maturidade ou em declínio com fracas posições competitivas, relativamente aos quais não existem fundadas expectativas de sucesso e cuja rendibilidade se encontra definitivamente comprometida.

Estratégias ao Nível do Negócio

Enquanto a **estratégia ao nível da empresa** define quais os negócios ou produtos em que a empresa deve apostar, alocando os respetivos recursos, a **estratégia ao nível do negócio ou estratégia competitiva** tem como objetivo definir como a unidade deve competir para conseguir alcançar vantagem competitiva relativamente aos concorrentes.

Uma empresa tem vantagem competitiva quando domina e controla os recursos e tem capacidades distintivas em relação aos concorrentes, que lhe permitem oferecer um valor superior aos seus clientes. São fatores de vantagem competitiva, uma qualidade superior do produto oferecido, ter domínio das fontes de abastecimento de matérias-primas, dispor de tecnologias de ponta, inovação, custos mais baixos, uma marca forte, dispor de recursos humanos qualificados, posse de recursos financeiros, dispor de um bom sistema de distribuição dos seus produtos, boa qualidade de atendimento aos clientes, etc.

Cabe aos gestores descobrir as suas competências distintivas, desenvolvê-las e explorá-las de forma a conseguir vantagem competitiva sustentável relativamente aos seus concorrentes.

Estratégias Genéricas de Porter

Ao enfrentar as cinco forças competitivas, Porter apresenta três **estratégias genéricas** potencialmente bem sucedidas e que garantem taxas de rendibilidade acima da média (Figura 1.21):

1. Liderança pelos custos.
2. Diferenciação.
3. Focalização.

		Estratégia	
		Baixos Custos	**Diferenciação**
Número de Segmentos	**Muitos**	Liderança pelos Custos	Diferenciação
	Poucos	Focalização Baixo Custo	Focalização Diferenciação

Figura 1.21 Estratégias Genéricas de Porter

A **estratégia de liderança pelos custos** orienta-se, prioritariamente, para a minimização dos seus custos totais. Segundo Porter, as empresas que perseguem uma estratégia de baixos custos podem vender os produtos a preços mais baixos do que os concorrentes e ainda obtêm bom lucro, porque têm custos mais baixos. Estas empresas ganham vantagem competitiva com base nos seus preços mais baixos. Por exemplo, a BIC persegue esta estratégia de custos mais baixos para as suas esferográficas. Segundo Porter, esta estratégia gera rendibilidades superiores, permitindo o seu reinvestimento de forma a reforçar a sua vantagem competitiva.

Com uma **estratégia de diferenciação** os gestores procuram ganhar uma vantagem competitiva focalizando todas as energias na diferenciação dos seus produtos relativamente aos concorrentes, numa ou mais dimensões, como o design, a qualidade, o serviço pós-venda e a assistência. Esta estratégia é cara, pelo que as organizações que perseguem com sucesso esta estratégia têm que ser capazes de vender os seus produtos a preços mais caros. A Coca-Cola, a Pepsi Cola e a Procter & Gamble seguem uma estratégia de diferenciação. Gastam muito dinheiro em publicidade para diferenciar e criar uma imagem única dos seus produtos.

De acordo com Porter, os gestores não podem simultaneamente perseguir uma estratégia de liderança pelos custos e de diferenciação. Os gestores devem escolher entre uma estratégia de liderança pelos custos ou uma estratégia de diferenciação. Refere que os gestores e as organizações que não façam a escolha ficam entalados no meio das duas estratégias (*stuck in the middle*) e tendem a ter níveis mais baixos de desempenho do que as que perseguem estratégias claras de liderança pelos custos ou de diferenciação (Figura 1.22).

Para evitar ficar entalada no meio, os gestores de topo devem instruir os gestores intermédios no sentido de tomarem ações que resultam numa estratégia clara de liderança pelos custos ou de diferenciação.

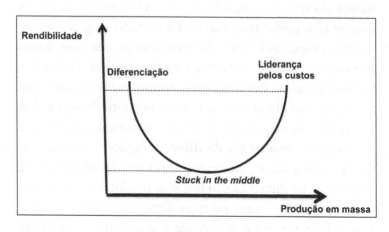

Figura 1.22 Estratégia *Stuck in the Middle*

Esta regra, contudo, pode ter exceções. Muitas empresas podem ter estratégias de liderança pelos custos para uns produtos e estratégias de diferenciação para outros, mas esses negócios devem estar bem diferenciados e perseguir estratégias diferentes. É o caso das empresas de transportes aéreos que operam nos mercados de luxo e low cost, mas com empresas diferentes, embora do mesmo grupo.

A **estratégia de focalização** ou **de nicho de mercado** pretende evitar o combate frontal com os grandes do setor, apoiando-se num nicho de mercado mal explorado e para o qual a empresa desenvolve as competências necessárias de forma a realizar uma abordagem ao segmento de uma forma eficiente. Esta estratégia, por vias diferentes das outras estratégias, gera também taxas de rendibilidade acima da média.

Quer a estratégia de liderança pelos custos, quer a estratégia de diferenciação, destinam-se a servir muitos segmentos do mercado, tais como as *commodities*. Porter identificou duas outras estratégias ao nível do negócio, cujo objetivo é satisfazer as necessidades dos clientes em mercados com um ou poucos segmentos.

Os gestores podem seguir uma estratégia de **focalização pelos baixos custos,** em que servem um ou poucos segmentos do mercado global e procuram que a sua organização tenha os custos mais baixos do segmento, ou adotam uma estratégia de **focalização pela diferenciação,** em que procuram servir um ou poucos segmentos do mercado e procuram que a sua organização seja a empresa mais diferenciada do mercado.

As empresas que seguem quer uma quer outra destas estratégias escolhem especializar-se de várias formas, dirigindo os seus esforços para tipos especiais de clientes ou para satisfazer necessidades de clientes em zonas geográficas específicas.

A Zara tem sido capaz de perseguir uma estratégia de focalização que é simultaneamente de baixos custos e de diferenciação, porque tem sabido desenvolver forças em diversas áreas, como a confeção, o design, o marketing e os sistemas de informação e tecnologia, que lhe permitem obter vantagem competitiva.

Estratégia ao Nível Funcional

As estratégias ao nível funcional são formuladas ao nível das áreas funcionais como compras, produção e operações, marketing, finanças, recursos humanos, investigação e desenvolvimento, entre outras, e constituem planos de ação que servem para sustentar a estratégia ao nível da empresa (Figura 1.23):

Figura 1.23 Áreas Funcionais

Estratégia de Compras

A estratégia de compras preocupa-se com a aquisição de matérias-primas, peças ou partes de equipamentos e necessidades de abastecimento para suportar a função produção. A estratégia de compras é importante porque, na generalidade das indústrias, os materiais e os componentes cor-

CAPÍTULO 1 – PLANEAMENTO E GESTÃO ESTRATÉGICA   65

respondem a uma parcela muito significativa dos custos de produção. As opções de compra podem ser múltiplas (vários fornecedores), um fornecedor exclusivo ou fontes paralelas. A compra de múltiplas fontes tem sido considerada melhor que as outras formas de compra, na medida em que:

1. Fomenta a concorrência, principalmente quando se trata de um grande comprador, com redução dos custos de compra.
2. Se um fornecedor falhar pode sempre comprar a outro fornecedor, permitindo que a empresa tenha sempre disponíveis os materiais e componentes quando precisar.

A prática corrente de comprar ao fornecedor que oferecer um preço mais baixo tem o reverso de se poder comprometer a qualidade. Por essa razão, W. Edwards Deming recomendou vivamente o fornecedor exclusivo, como a única forma de garantir um fornecedor de superior qualidade. Deming argumenta que o comprador deve trabalhar muito próximo do fornecedor em todos os estádios do processo de compra. Este procedimento reduz o preço e o tempo gasto no desenho do produto e contribui para melhorar a qualidade do produto.

Estratégia de Produção e Operações

A área de produção e operações é responsável pela transformação das matérias-primas em bens e serviços. É também responsável pelo nível ótimo de tecnologia que a empresa deve ter nos seus processos de fabrico. As decisões estratégicas relacionadas com esta área funcional são relativas aos processos de planeamento da produção, *layout* das instalações, capacidade produtiva, tecnologia e equipamentos produtivos, localização das instalações, assim como a organização do trabalho.

O uso de tecnologia de produção avançada está a revolucionar o mundo da produção e continua a avançar através da integração de diversas atividades com recurso a sistemas computorizados. O uso de CAD/CAM, sistemas flexíveis de produção, sistemas de controlo numérico por computador, robótica e técnicas de *just-in-time,* têm contribuido para aumentar a flexibilidade, dar respostas mais rápidas e aumentar a produtividade.

Estratégia de Marketing

A área de marketing faz a ligação entre a empresa e o mercado e tem como principal objetivo promover as trocas comerciais que garantam a satisfação das necessidades dos clientes e o obtenção de lucro para a empresa. As decisões estratégicas na área do marketing dizem respeito à definição da segmentação do mercado, do posicionamento pretendido para os produtos e para empresa e das políticas de marketing-mix. Estas decisões têm implicações no desenvolvimento de produtos de modo a que satisfaçam as necessidades dos clientes e envolve a definição da política de preços, a elaboração de uma política de comunicação que promova os produtos e a escolha dos canais de distribuição mais adequados à natureza do produto e do mercado.

A estratégia de marketing é fundamental para desenvolver as políticas de diferenciação e de posicionamento dos produtos, de modo a conseguir vantagem competitiva em relação aos concorrentes.

CAPÍTULO 1 – PLANEAMENTO E GESTÃO ESTRATÉGICA   67

Estratégia de Recursos Humanos

A estratégia de recursos humanos diz respeito às políticas de gestão de pessoas no contexto organizacional, designadamente decisões relativas ao planeamento dos recursos humanos, recrutamento e seleção, desenvolvimento de carreiras, gestão do desempenho, sistemas de recompensa e incentivos e despedimento.

Estratégia Financeira

A área financeira é responsável pela gestão dos recursos financeiros colocados à disposição da organização. A estratégia financeira analisa as implicações financeiras das opções estratégicas ao nível da empresa e do negócio e identifica a melhor forma de financiar a empresa para executar essas estratégias. A estratégia financeira pode contribuir para ganhar vantagem competitiva, baixando o custo do *funding* e assegurando o financiamento da empresa.

As decisões estratégicas relacionadas com a área financeira dizem respeito à política de investimentos, à política de financiamento e à política de distribuição de dividendos.

Conseguir e manter o equilíbrio financeiro da empresa, dado pela relação entre os capitais próprios e os capitais alheios, pela relação entre os capitais de curto prazo e os capitais de médio e longo prazo e assegurar o autofinanciamento a longo prazo, via libertação de *cash-flow*, são as questões chave da estratégia financeira.

Estratégia de Investigação e Desenvolvimento (I&D)

A estratégia de investigação e desenvolvimento trata da inovação e melhoramento dos produtos e dos processos. Trata também da melhor forma de aceder às novas tecnologias, por via de desenvolvimento interno ou por aquisição no exterior ou ainda o estabelecimento de alianças estratégicas.

As opções que se colocam à empresa é ser um líder tecnológico, inovando nos produtos e processos, ou um seguidor, imitando os produtos desenvolvidos pelos concorrentes. Michael Porter sugere que decidindo tornar-se um líder tecnológico ou um seguidor pode ser uma forma de conseguir vantagem pelos custos ou diferenciação dos produtos.

Muitas empresas têm trabalhado com os seus fornecedores no sentido de os ajudar a melhorar a tecnologia. As empresas começam a compreender que não podem tornar-se competitivas tecnologicamente somente através do desenvolvimento interno. Cada vez mais recorrem a alianças tecnológicas com os fornecedores e até com os concorrentes, para combinarem as suas competências em investigação e desenvolvimento. Por exemplo, a Toyota e a Honda, empresas concorrentes, têm alianças estratégicas para o fornecimento de componentes e partes dos motores dos seus veículos, como as caixas de velocidade.

Uma nova abordagem de I&D é a inovação aberta, segundo a qual as empresas estabelecem alianças com empresas, organismos oficiais, laboratórios, universidades, centros de investigação e mesmo consumidores, para desenvolverem novos produtos e novos processos. Por exemplo, a BIAL recorre frequentemente a laboratórios e centros de investigação das universidades para descoberta de novas moléculas e desenvolvimento de novos medicamentos. O mesmo acontece com muitas *start-ups* de sucesso da área da informática que se têm desenvolvido nos últimos anos no nosso País.

Resumo do Capítulo

O planeamento é a função de gestão que é responsável pela definição dos objetivos da organização e pelo desenvolvimento de planos que permitam alcançar esses objetivos. Neste capítulo, foram apresentados os principais conceitos relacionados com o planeamento estratégico, os níveis de planeamento, as etapas do processo de planeamento e os tipos de planos no que se refere à abrangência e horizonte temporal. Foi também estudado o conceito de gestão estratégica e analisadas as diversas fases do processo de gestão estratégica.

Foi estudada a formulação estratégica aos diversos níveis – ao nível da empresa, ao nível do negócio e ao nível funcional – e apresentados os principais modelos e técnicas de análise e orientação estratégica, como a análise SWOT, a matriz BCG, as matrizes GE/McKinsey e ADL, o modelo das cinco forças competitivas de Porter, o modelo de Ansoff e o modelo das estratégias genéricas de Porter. Os gestores devem constantemente analisar a sua carteira de produtos, de negócios e oportunidades para decidirem em que produtos ou negócios devem reinvestir os seus capitais.

Por último, foram estudadas as diversas estratégias ao nível funcional, como a estratégia de compras, estratégia de produção e operações, estratégia de marketing, estratégia de recursos humanos, estratégia financeira e estratégia de investigação e desenvolvimento.

Questões

1. O que é o planeamento? Por que é a mais importante função de gestão?
2. Porque a gestão estratégica se tem tornado tão importante nas empresas?
3. Qual a diferença entre planos e objetivos? Como classifica os diferentes tipos de planos?
4. Qual a diferença entre planeamento e estratégia?
5. Quais as etapas do processo de planeamento estratégico?
6. Faça uma análise SWOT do setor do Vinho do Porto.
7. Descreva a matriz BCG e como pode ajudar os gestores na formulação da estratégia da empresa.
8. Descreva o modelo das cinco forças competitivas de Porter e qual a sua utilidade para analisar a atratividade de uma indústria.
9. Quais as diferentes estratégias competitivas que uma empresa pode adotar?
10. A estratégia de marketing ou a estratégia de produção diferem em empresas que adotem estratégias de liderança pelos custos ou estratégias de diferenciação? Justifique.
11. O que é uma organização que aprende (*learning organization*)? Esta abordagem da gestão estratégica é melhor do que a abordagem tradicional de cima para baixo segundo a qual o planeamento estratégico é principalmente imposto pela gestão de topo?
12. Porque as decisões estratégicas são diferentes das outras decisões?

CAPÍTULO 1 – PLANEAMENTO E GESTÃO ESTRATÉGICA 71

13. Recorrendo à internet, procure e comente declarações de missão de três organizações com fins lucrativos e sem fins lucrativos.

14. Comente a seguinte afirmação:
"Na indústria do vinho, a estratégia de liderança pelos custos pode fazer sentido para os vinhos correntes, já que a grande diferenciação é feita pelo preço. Para os vinhos de qualidade, adotam-se normalmente estratégias de diferenciação em empresas de dimensão significativa, ou de focalização em pequenas empresas, que produzem vinhos de elevada qualidade, muito procurados e valorizados pelo mercado".

Referências

Chandler, A. (1962), Strategy and Structure, MIT Press, Cambridge, MA.

Daft, R. L., Kendrick, M. e Vershinina, N. ((2010), Management, South-Western, Cengage Learning EMEA, United Kingdom.

Donnelly, J. H., Gibson, J. L. e Ivancevich, J. M. (2000), Administração: Princípios de Gestão Empresarial, 10ª Edição, McGraw-Hill, Lisboa.

Johnson, G., Whittington, R. e Scholes, K. (2011), Exploring Strategy: Texts and Cases, 9th Edition, Pearson Education Limited, England.

Johnson, G., Scholes, K. e Whittington, R. (2011), Exploring Corporate Strategy: Text and Cases, Prentice Hall, London.

Jones, G. e George, J. (2011), Contemporary Management, 7th edition, McGraw-Hill/Irwin, New York.

Olson, E, Slater, S. e Hult, G. (2005), The importance of Structure and Process to Strategy Implementation, Business Horizons, 48, pp 47-54.

Porter, M. (1990), Competitive Advantage, Free Press, New York.

Robbins, S. P. e Coulter, M. (2014). Management, Twelfth Edition, Pearson Education, Inc. Upper Side River, New Jersey.

Capítulo 2
Tomada de Decisão

Diariamente os gestores são forçados a tomar decisões. Sempre que exercem as suas funções, ou seja, todas as vezes que planeiam, organizam, dirigem ou controlam, estão a tomar uma série de decisões, de tal modo que pode mesmo dizer-se que a principal função dos gestores é a tomada de decisões.

A qualidade das decisões determina o desempenho das organizações, mas a tomada de decisão não é um processo fácil. Por vezes, o contexto da tomada de decisão reveste-se de grande complexidade e incerteza, o que dificulta o trabalho dos gestores.

Apesar de não ser um processo fácil, a decisão tem que ser tomada porque a indecisão é, por vezes, bem pior do que tomar uma má decisão. Um gestor deve estar ciente da dificuldade, mas tem que assumir que tomar decisões é a sua principal função na organização.

Ao longo do capítulo vamos apresentar os principais fundamentos do processo de tomada de decisão e apresentar algumas técnicas que ajudam os gestores a tomar as melhores decisões possíveis com a informação disponível. Serão também analisadas as vantagens e desvantagens da tomada de decisão em grupo e comparado o processo de tomada de decisão individual e em grupo.

Depois de ler e refletir sobre este capítulo, o leitor deve ser capaz de:

- Compreender a importância da tomada de decisão para a gestão.
- Distinguir entre decisões programadas e decisões não programadas.
- Descrever o processo de tomada de decisão.
- Identificar os pressupostos do modelo racional de tomada de decisão.
- Descrever os diferentes estilos de tomada de decisão.
- Descrever as vantagens e desvantagens da tomada de decisão em grupo.
- Comparar o processo de tomada de decisão individual e em grupo.

Natureza da Tomada de Decisão

Todas as pessoas têm que tomar decisões todos os dias nos seus negócios ou nas suas vidas pessoais. Muitas decisões são fáceis de tomar, mas outras são difíceis e exigem muita análise e ponderação. A tomada de decisão é um processo que consiste na identificação de um problema e na escolha entre as alternativas disponíveis para a resolução do problema.

Os líderes e os gestores são diariamente confrontados com a necessidade de tomar decisões, podendo mesmo dizer-se que a tomada de decisões é a essência do trabalho dos gestores. A tomada de decisão é o processo pelo qual os gestores respondem às oportunidades e ameaças do meio envolvente, analisam as opções e tomam decisões sobre os objetivos e as ações a desencadear. Boas decisões resultam

CAPÍTULO 2 – TOMADA DE DECISÃO 77

da seleção de objetivos e modos de atuação adequados, que melhoram o desempenho organizacional, ao passo que más decisões resultam em desempenhos inferiores.

As decisões em resposta às oportunidades do meio envolvente surgem quando os gestores respondem às formas de melhorar o desempenho das organizações, ao passo que as decisões em resposta às ameaças ocorrem quando os gestores são confrontados com eventos adversos para a organização. Todas as funções dos gestores requerem uma efetiva tomada de decisões. Praticamente tudo que os gestores fazem requer a tomada de decisões.

Tipos de Decisões

As decisões podem ser classificadas em vários tipos, consoante o nível da função desempenhada pelos decisores e a natureza dos problemas com que são confrontados. Em função do problema a tratar, Ansoff classificou as decisões em três tipos:

1. **Decisões operacionais** – decisões de exploração corrente. Têm uma perspetiva de curto prazo, usualmente menos de um ano. São decisões do primeiro nível de decisão.
2. **Decisões táticas ou administrativas** – decisões que se referem à estrutura e à gestão dos recursos pelas várias atividades ou departamentos. Têm uma perspetiva de curto prazo e focam unidades da organização. São decisões tomadas pelos gestores intermédios.
3. **Decisões estratégicas** – decisões que definem e moldam os eixos de desenvolvimento futuro da

organização. Têm uma perspetiva de longo prazo, usualmente de dois a cinco anos e afetam toda a organização. Incluem decisões do tipo que produtos produzir ou mercados explorar ou se o objetivo da empresa é o crescimento ou a rendibilidade. São decisões tomadas pelos gestores de topo.

Qualquer que seja o tipo de decisão, o nível da função desempenhada, a natureza dos problemas e o grau de informação disponível, os gestores podem tomar dois tipos de decisões:

1. **Decisões programadas ou decisões de categoria I** – são decisões de rotina, recorrentes, para problemas simples, tomadas em situações usuais, em que o processo de decisão é quase automático. Os gestores já tomaram muitas destas decisões em situações anteriores. Há regras estabelecidas, procedimentos conhecidos e políticas da organização que o gestor deve seguir. Por exemplo, contratar um novo trabalhador ou alugar uma viatura são decisões programadas.

2. **Decisões não programadas ou decisões de categoria II** – são decisões não rotineiras, não recorrentes, para problemas novos, tomadas em situações não usuais. Neste tipo de decisões não há regras ou procedimentos a seguir, dado que a decisão é nova. Estas decisões são tomadas com base na informação e intuição do gestor e no julgamento que faz da situação. Investir numa nova tecnologia, no desenvolvimento de um novo produto, lançar uma nova campanha de promoção ou expandir para os mercados internacionais são decisões não programadas.

As decisões não programadas tendem a ser mais importantes do que as decisões programadas, porque são mais complicadas e difíceis de tomar e normalmente têm um efeito maior na organização. Os gestores de topo tomam predominantemente decisões não programadas, enquanto os gestores operacionais tomam decisões programadas e os gestores intermédios supervisionam as decisões de categoria I e apoiam a tomada de decisões de categoria II.

O Processo de Tomada de Decisão

Os líderes e os gestores devem esforçar-se por ser racionais na tomada de decisão. A tomada de decisão é um processo racional e não um simples acto de escolha entre duas ou mais alternativas, que compreende os seguintes oito passos (Figura 2.1):

Figura 2.1 Modelo Racional de Tomada de Decisão

1. **Identificação do problema** – o processo de tomada de decisão inicia-se com o reconhecimento da existência de um problema, ou seja, com o reconhecimento de que existe uma discrepância entre o estado atual e o estado desejado, que exige a tomada de decisão. O problema deve ser tal que exerça pressão sobre o gestor e o gestor apenas caraterizará uma situação como problema se tiver recursos e competência (autoridade) para agir, isto é, se competir a ele tomar a decisão.

CAPÍTULO 2 – TOMADA DE DECISÃO

2. **Identificação dos critérios de decisão** – uma vez reconhecido e identificado o problema pelo gestor, é importante definir o critério de decisão, ou seja, o gestor deve determinar o que é relevante na tomada de decisão. Por exemplo, na compra de um computador, os critérios podem ser o preço, a capacidade de memória, a capacidade de multimédia, a qualidade do monitor, a duração da bateria, a capacidade de expansão, a garantia e o peso. Após avaliação cuidadosa, o gestor pode considerar que a capacidade de memória, a qualidade do monitor, a duração da bateria, a garantia e o peso são os critérios relevantes para a decisão.

3. **Ponderação dos critérios de decisão** – os critérios de decisão identificados no passo 2 não têm todos a mesma importância, como tal, deve ponderar-se os critérios para lhes dar a prioridade apropriada à decisão. Uma abordagem possível será dar ao critério mais importante o peso 10 e atribuir pesos sucessivos aos restantes critérios. O quadro seguinte lista os critérios e respetivos pesos para a decisão da compra do computador:

Memória e armazenagem	10
Duração da bateria	8
Peso	6
Garantia	4
Qualidade do monitor	3

4. **Identificação das alternativas** – uma vez reconhecido o problema e definidos os critérios de decisão, a etapa seguinte é desenvolver e identificar as alternativas viáveis que possam resolver o problema. Por exemplo, no caso do computador, o gestor

identificou seis computadores alternativos possíveis: Toshiba, IBM, Apple, Sony, HP e Samsung.

	Memória e Armazenagem	Duração Bateria	Peso	Garantia	Qualidade Monitor
Toshiba	10	5	4	8	5
IBM	8	6	4	8	7
Apple	8	4	10	6	8
Sony Vaio	10	8	10	10	10
HP	6	4	6	6	6
Samsung	4	8	8	6	6

5. **Análise das alternativas** – uma vez identificadas as alternativas, o gestor deve analisar cada uma de acordo com os critérios definidos. Se, por exemplo, atribuirmos coeficientes de ponderação a cada uma das alternativas (memória 10, duração da bateria 8, peso 6, garantia 4 e qualidade do monitor 3) e se multiplicarmos cada alternativa pelo seu peso, obtemos os valores constantes do quadro abaixo. A soma representa a avaliação de cada alternativa, dados os critérios definidos.

	Memória e Armazenagem	Duração Bateria	Peso	Garantia	Qualidade Monitor	Total
Toshiba	100	40	24	32	15	211
IBM	80	48	24	32	21	205
Apple	80	32	60	24	24	220
Sony Vaio	100	64	60	40	30	294
HP	60	32	36	24	18	170
Samsung	40	64	48	24	18	194

6. **Seleção da melhor alternativa** – consiste em escolher a melhor alternativa de entre as que foram consideradas. Uma vez que as alternativas foram ponderadas, a escolha recairá sobre a que tiver maior pontuação. Neste caso, o gestor escolheria a alternativa

CAPÍTULO 2 – TOMADA DE DECISÃO

Sony Vaio porque é a que tem maior pontuação com base nos critérios identificados. É a melhor alternativa.

7. **Implementação da alternativa escolhida** – apesar do processo de escolha ficar concluído no passo seis, a decisão pode falhar se a implementação não for a mais adequada.

8. **Avaliação dos resultados e da eficácia da decisão** – verificar a eficácia da decisão, ou seja, verificar se a decisão produziu os efeitos desejados e se o problema foi bem resolvido. Os gestores que não avaliam os resultados das suas decisões não aprendem com os sucessos e os erros do passado, pelo contrário, estagnam e acabam sempre por cometer os mesmos erros.

Todas as pessoas numa organização tomam decisões, mas a tomada de decisão é particularmente importante para os gestores, já que decidir é a sua principal função e a tomada de decisão está presente nas quatro funções dos gestores – planeamento, organização, direção e controlo (Figura 2.2.):

Planeamento	**Liderança**
• Quais os objetivos de longo prazo?	• Como motivar os trabalhadores?
• Quais as melhores estratégias para atingir os objetivos?	• Qual o tipo de liderança é mais efetiva numa dada situação?
• Quais os objetivos de curto prazo?	• Como uma dada mudança pode afetar a produtividade do trabalhador
• Qual o grau de dificuldade dos objetivos?	
Organização	**Controlo**
• Quantos colaboradores devem reportar a cada responsável?	• Que atividades na organização devem ser controladas?
• Que o nível de centralização deve haver na organização?	• Como devem ser controladas essas atividades?
• Como devem ser desenhadas as funções?	• Que tipo de controlo deve ter a organização?
• Quando deve a organização implementar uma estrutura diferente?	• Que tipo de sistema de controlo deve ter a organização?
	• Que tipo de sistema de informação de gestão deve ter a organização?

Figura 2.2 Tomada de Decisão e Funções do Gestor

Teorias da Tomada de Decisão

A teoria da gestão baseia-se no pressuposto de que os indivíduos agem racionalmente e que os gestores sejam racionais quando tomam decisões, ou seja, que sigam os oitos passos do processo de tomada de decisão e que tomem as decisões ótimas que maximizam os resultados da organização.

É expectável que um decisor racional seja decidido, mas prudente e que tome boas decisões e exiba comportamentos próprios da tomada de decisão, como identificar claramente os problemas, identificar todas as alternativas viáveis, ter objetivos claros e específicos e que selecione a alternativa que maximiza os resultados no interesse da organização e não no seu interesse pessoal.

Porém, nem todas as pessoas se comportam racionalmente. Acontece que, muitas vezes, a decisão ótima não é a que melhor defende os interesses da organização, sendo os gestores forçados a tomar as decisões possíveis nas circunstâncias em que têm que tomar decisões. O ótimo muitas vezes é inimigo do bom. A intuição assume também um papel importante na tomada de decisão. Não sendo a tomada de decisão um processo automático que possa ser assumida por um computador e não sendo, muitas vezes, a solução ótima a melhor solução para a organização, o gestor pode adotar modelos alternativos de tomada de decisão.

Modelo Racional de Tomada de Decisão

O modelo racional de tomada de decisão pressupõe que os gestores sigam os oito passos do processo de tomada de decisão de um modo racional e que tomem as decisões óti-

CAPÍTULO 2 – TOMADA DE DECISÃO

mas que maximizem os resultados da organização. De acordo com este modelo, é suposto que o decisor seja um agente racional que escolhe a melhor solução (solução ótima), após obter, comparar e avaliar todas as alternativas possíveis. Segundo esta teoria, o processo de decisão levaria a uma decisão ideal, independentemente de quem tomasse a decisão. Racional neste sentido é entendido como sinónimo de inteligência, sucesso e sanidade.

O modelo racional de tomada de decisão baseia-se nos seguintes pressupostos:

- A situação é bem definida e está corretamente formulada.
- As metas e objetivos são claros e conhecidos.
- Não existem restrições à tomada de decisão.
- Existe informação suficiente, precisa e confiável sobre todas as alternativas.
- Os critérios para escolha e avaliação das alternativas são perfeitamente identificáveis e são estáveis ao longo do tempo.
- O decisor é racional, usa a lógica para tomar decisões e sabe escolher a alternativa que maximiza o alcance dos objetivos estabelecidos.

Estes pressupostos, porém, raramente estão todos reunidos no mundo dos negócios. Na prática, há um elevado grau de incerteza e de insegurança nas informações sobre alternativas, resultados e objetivos. Mesmo quando o decisor atribui probabilidades de acontecerem determinados eventos, são meras estimativas que ajudam a atenuar o risco, mas não garantem uma escolha que maximize os resultados.

A perspetiva racional pressupõe que existe apenas um objetivo que se pode representar por uma **função objetivo,** potencialmente quantificável. Faz uso da investigação operacional, com inserção de variáveis em modelos matemáticos que supostamente conduzem à solução ótima. O comportamento racional pressupõe que o decisor é um agente "friamente materialista", em que a emoção ou paixão estão ausentes do processo de tomada de decisão.

Modelo da Racionalidade Limitada

Uma abordagem mais realista para descrever como os gestores tomam decisões é o conceito de **racionalidade limitada**, defendida por Herbert Simon, segundo a qual os gestores tomam decisões racionalmente, mas são limitados pela complexidade dos problemas, pela sua capacidade de processar informação e pela limitação de tempo e de recursos para obter toda a informação. Trata-se de um modelo corretor do modelo racional.

Esta teoria assume que os decisores não têm toda a informação sobre todas as alternativas, que têm limitações pessoais para tratar toda a informação e que escolhem a primeira alternativa encontrada que resolve satisfatoriamente o problema, em vez de maximizar os resultados das suas decisões, considerando todas as alternativas e escolhendo a melhor.

Na prática, os defensores da racionalidade limitada constataram que os indivíduos não procuram a solução ótima, antes se satisfazem com decisões consideradas satisfatórias. O modelo da racionalidade limitada admite que as decisões são tomadas em situações de incerteza e risco, com base em informação incompleta ou ambígua, sob pressão do tempo e até sobre objetivos contraditórios (Figura 2.3):

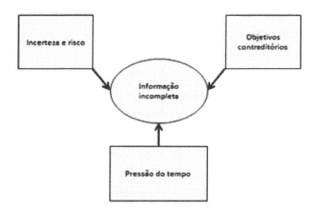

Figura 2.3 Modelo da Racionalidade Limitada

O Papel da Intuição na Tomada de Decisão

Incapazes de analisar os problemas em toda a sua complexidade, por falta de informação ou por limitação pessoal de processar toda a informação, muitos gestores tomam decisões com base na **intuição.** Num inquérito realizado em 2002, cujos resultados foram publicados na *Harvard Business Review* em maio de 2003, 45% dos gestores inquiridos afirmaram que o seu processo de decisão é mais influenciado pela intuição do que pela análise racional dos dados e dos factos.

Não há dúvida de que a intuição desempenha um papel importante na tomada de decisão. São bem conhecidos os casos de empresários de sucesso que decidem fundamentalmente com base na intuição, como são os casos de Cupertino de Miranda, Salvador Caetano, de Américo Amorim ou George Soros. Costuma dizer-se que estes empresários têm "*feeling* para o negócio", mas não há dúvida também de que confiar cegamente na intuição pode ser extremamente perigoso, como tem acontecido nalgumas situações com os mesmos empresários e com outros.

A intuição é o processo de interpretar e chegar a conclusões sobre uma situação, sem recorrer a um pensamento consciente, baseado em análises rigorosas sobre dados objetivos. Todavia, isso não significa que seja uma forma irracional de tomar decisões. A tomada de decisão por intuição é baseada em experiências do indivíduo que permitem reconhecer aspetos críticos de um problema e chegar a uma solução sem passar por uma análise objetiva dos factos e dos dados.

Tomada de Decisão em Grupo

Não restam dúvidas de que os gestores tomam muitas decisões no desempenho das suas funções, mas nas organizações as decisões mais importantes, especialmente as decisões que têm implicações no futuro da organização, são comummente tomadas em grupo. Os gestores passam grande parte do seu tempo em reuniões e estudos recentes mostram que grande parte desse tempo envolve a definição de problemas, a busca de soluções para esses problemas e a determinação dos meios necessários para implementar as soluções encontradas.

A tomada de decisões em grupo tem caraterísticas diferentes das decisões individuais e tem vantagens e desvantagens relativamente à tomada de decisão individual. Como vantagens, as decisões em grupo proporcionam in-

CAPÍTULO 2 – TOMADA DE DECISÃO

formações mais completas que as decisões individuais. Tem aqui pleno cabimento o ditado popular de que duas cabeças pensam melhor do que uma só cabeça. Um grupo traz para o processo de decisão uma diversidade de experiências e perspetivas que um indivíduo sozinho não consegue. Os grupos também geram mais alternativas do que um indivíduo. Além disso, a tomada de decisão em grupo aumenta a aceitação e o comprometimento das pessoas sobre a solução encontrada. Finalmente, um processo de tomada de decisão em grupo é mais democrático, o que aumenta a legitimidade relativamente às decisões tomadas por um único indivíduo.

Mas a tomada de decisão em grupo tem também grandes desvantagens. A primeira é que demora muito mais tempo a ser tomada. Pode levar também a que uma minoria domine o grupo em casos de desequilíbrio do grupo em termos de posição hierárquica, conhecimentos sobre o problema, experiência, influência sobre os outros membros do grupo, oratória, agressividade, etc. Este desequilíbrio pode levar a que um ou mais membros, organizados ou não, dominem os outros elementos do grupo. Uma minoria dominante normalmente tem uma influência indevida na decisão final.

As decisões em grupo têm ainda outros inconvenientes, como a responsabilidade ambígua. Os membros do grupo compartilham a responsabilidade pela decisão final, mas quem é verdadeiramente o responsável pelo resultado final? Na decisão individual sabe-se quem é o responsável; na decisão em grupo, a responsabilidade de qualquer membro fica diluída. Foi o grupo que tomou a decisão.

Há fundamentalmente cinco maneiras de tomar decisões em grupo e promover a criatividade e soluções inovadoras para os problemas: *brainstorming*, **técnica do grupo no-**

minal, método Delphi, reuniões eletrónicas e video-conferências.

O *brainstorming* é uma dinâmica de grupo que é usada pelas empresas como uma técnica para resolver problemas específicos, para desenvolver novas ideias e para estimular o desenvolvimento de alternativas criativas. É uma técnica de gerar ideias para a solução do problema que encoraja a apresentação de alternativas pelos membros do grupo, sem qualquer análise crítica. O *brainstorming* tem várias aplicações na gestão e no marketing, designadamente no desenvolvimento de novos produtos, na publicidade, na resolução de problemas, na gestão de processos e de projetos e na formação de equipas.

Em geral, a técnica do *brainstorming* funciona do seguinte modo:

- O gestor descreve em linhas gerais o problema a resolver pelo grupo.
- Os membros do grupo trocam ideias e geram formas alternativas de ação.
- À medida que cada alternativa é descrita, aos membros do grupo não é permitida qualquer crítica. As críticas de cada membro do grupo apenas são feitas depois de todas as alternativas terem sido apresentadas. As diversas alternativas são registadas por um elemento do grupo.
- Os membros do grupo são incentivados a agir de forma crítica e inovadora. Quanto maior for o número de ideias elencadas melhor.
- Quando todas as alternativas tiverem sido geradas, os membros do grupo debatem os prós e contras de cada alternativa e selecionam as melhores alternativas.

O **grupo nominal** é uma técnica de decisão em grupo que fundamentalmente se traduz numa reunião de grupo em que os seus membros apresentam as suas ideias face a face, mas numa forma sistemática e independente. Os membros do grupo precisam estar presentes, como em qualquer reunião, mas devem atuar de forma independente. Cada membro do grupo escreve uma lista de problemas ou potenciais soluções para um problema.

O processo de decisão em grupo nominal é o seguinte:

1. Apresentação do problema.
2. Geração de ideias.
3. Apresentação individual e registo de cada ideia.
4. Classificação e discussão das ideias apresentadas.
5. Ordenação e classificação das ideias apresentadas.
6. Classificação global.

A principal vantagem desta técnica é que permite que o grupo se reúna formalmente, mas não restringe o pensamento independente, como acontece com muita frequência nas reuniões de grupo tradicionais.

O **método Delphi** é um método semelhante ao grupo nominal, com exceção da presença física dos membros do grupo numa reunião. Este método carateriza-se pelas seguintes fases:

1. Identificação do problema e apresentação do questionário aos membros do grupo.
2. Resposta ao questionário de forma anónima e independente.
3. Compilação das respostas e sua distribuição pelos membros do grupo, acompanhadas do questionário revisto.

4. Respostas ao novo questionário da mesma forma descrita no ponto 2.
5. Repetição da terceira e quarta fases até se atingir uma solução de consenso.

A abordagem mais recente no que se refere às decisões em grupo são as **reuniões eletrónicas,** que resulta da aplicação da tecnologia dos computadores aos grupos nominais. Segundo esta técnica, as pessoas reúnem-se em torno de uma mesa, sendo as questões apresentadas aos participantes através de monitores de computadores, os quais digitam as suas respostas diretamente no seu computador. Os comentários individuais, assim como as respostas agregadas são apresentadas num monitor gigante colocado na sala. As principais vantagens das reuniões eletrónicas são o anonimato, a honestidade e a rapidez. As reuniões eletrónicas têm vindo cada vez mais a ser utilizadas pelas grandes empresas, especialmente pelas empresas globais, por serem mais rápidas e mais baratas do que as reuniões tradicionais.

Uma variante cada vez mais utilizada das reuniões eletrónicas é a **videoconferência**. Tem a vantagem de permitir reuniões frente a frente com pessoas situadas em locais diferentes, mesmo a milhares de quilómetros de distância, com economia de tempo e de recursos.

Eficácia das Decisões

A capacidade de tomar decisões rápidas e acertadas é uma competência essencial das organizações modernas. De facto, o que distingue as organizações com elevado desempenho das restantes é a sua capacidade de tomar rapidamente boas

CAPÍTULO 2 – TOMADA DE DECISÃO

decisões. A demora no processo de tomada de decisão implica perda de oportunidades e determina muitas vezes o próprio fracasso da organização.

Para uma organização ter sucesso, deve seguir um conjunto de princípios nos seus processos de tomada de decisão, designadamente:

1. **Nem todas as decisões têm a mesma importância para a organização** – as mais importantes são aquelas que contribuem para a criação de valor e as que têm a ver com o processo operacional da organização. Os gestores devem dar prioridade a essas decisões, pois são elas que determinam o sucesso ou fracasso da organização.

2. **As decisões só produzem efeitos se forem implementadas** – de nada vale uma boa decisão, se não for implementada conforme a decisão.

3. **Avaliação dos resultados e da eficácia da decisão** – para que uma decisão seja bem-sucedida, não basta que seja tomada e executada conforme previsto; é necessário que produza os efeitos pretendidos. Se não são obtidos os resultados pretendidos, a decisão não é uma boa decisão e provavelmente será necessário tomar uma nova decisão.

4. **Atribuição de responsabilidades** – é essencial saber quem toma a decisão e quem é responsável pela sua execução. É necessário envolver as pessoas na estrutura hierárquica certa e no momento certo.

5. **Capacidade de adaptação** – para a decisão ser bem-sucedida, é necessário que todos os intervenientes da estrutura tenham informação, competências e capacidade de adaptação para responder com rapidez

aos desafios e problemas que se colocam ao longo do processo.

6. **Envolvimento proativo e responsável de todos os elementos da estrutura organizacional** – para a decisão ser bem-sucedida, é necessário o empenhamento de todos os responsáveis pela implementação e execução da decisão.

O processo de tomada de decisão é uma das principais funções dos gestores no seu trabalho diário. Os princípios enunciados ajudam os gestores a melhorar a qualidade e eficácia do seu processo de tomada de decisão e a melhorar o desempenho das suas organizações.

Resumo do Capítulo

Neste capítulo, abordaram-se alguns aspetos relevantes do processo de tomada de decisão. Foi feita a distinção entre decisões programadas e decisões não programadas e a análise do contexto em que as decisões são tomadas, que difere em função do risco e da incerteza. Foi decomposto o processo de decisão em oito etapas sequenciais, desde a identificação do problema, identificação e ponderação dos critérios de decisão, à escolha e seleção das alternativas e avaliação dos resultados e da eficácia da decisão.

Estudaram-se as teorias racional e da racionalidade limitada da tomada da decisão, em que muitas vezes os gestores não tomam as decisões mais racionais, mas as que são possíveis dentro de um conjunto de limitações e restrições de tempo, de recursos e de capacidades.

Em seguida, abordaram-se alguns aspetos relacionados com as vantagens e desvantagens da tomada de decisão em grupo e com o grau de participação dos colaboradores no processo de tomada de decisão. Foram também indicadas algumas maneiras de tornar as decisões em grupo mais criativas e inovadoras.

Finalmente, foram apontados alguns princípios que devem orientar as organizações nos seus processos de tomada de decisão, com vista à melhoria da eficácia e da qualidade das suas decisões.

Questões

1. Em que consiste o processo de tomada de decisão e quais os tipos de decisões que os gestores são forçados a tomar? Dê exemplos.
2. Qual a diferença entre decisões programadas e não programadas?
3. Descreva as oito etapas do processo de tomada de decisão
4. Porque se diz que a tomada de decisão é a essência do trabalho do gestor?
5. Indique e explique as fases do processo racional de tomada de decisão.
6. Caraterize os seguintes estilos de decisores quanto ao modo de pensar: racional e intuitivo. Com qual se identifica melhor?
7. Todos os dias tomamos decisões:
   a. Descreva uma decisão programada que tomou recentemente.
   b. Por que a considera programada? Justifique.
8. "Os gestores usam computadores porque possibilitam tomar decisões mais racionais". Concorda com esta afirmação? Justifique.
9. Há alguma diferença entre decisões erradas e más decisões? Porque é que bons gestores às vezes tomam decisões erradas? E más decisões? Como podem os gestores melhorar as suas capacidades de tomar decisões?
10. Apresente algumas vantagens e desvantagens do processo de tomada de decisão em grupo.
11. Faça uma breve caraterização das seguintes técnicas para aumentar a criatividade na tomada de decisão

CAPÍTULO 2 – TOMADA DE DECISÃO

em grupo: *brainstorming*, método de Delphi e grupo nominal.

12. Descreva uma situação comercial em que as técnicas de Delphi ou grupo nominal possam ser utilizadas como parte do processo de tomada de decisão.

13. Descreva uma situação que conheça em que uma decisão tomada por um indivíduo possa ser melhor do que a decisão em grupo. Concorda?

14. Comente a seguinte afirmação:

"Os gestores devem tomar decisões numa variedade de situações e não existe um único método de tomada de decisão que possa cobrir todas as situações"

15. Como podem as comunicações eletrónicas, como a internet e o *e-mail*, ser usadas para melhorar o processo de tomada de decisão? Dê alguns exemplos.

16. Em que condições será melhor envolver um grupo de empregados na tomada de decisão, em vez de um gestor individual? Que papel deve tomar um gestor ou líder no processo de decisão em grupo?

Referências

Harrison, E. F 1999), The Managerial Decision-Making Process, Fifth Edition, Houghton Mifflin Company.

Johnson, G., Whittington, R. & Scholes, K. (2011), Exploring Strategy, Ninth edition, Financial Times, Pearson Education Limited, Edinburg Gate, England.

Jones, G. & George, J. (2011), Contemporary Management, 7th edition, McGraw-Hill/Irwin, New York.

Robbins, S. P. & Coulter, M. (2014). Management, Twelfth Edition, Pearson Education, Inc. Upper Side River, New Jersey.